Marco Geuenich / Lars Kutzner

Wenn der Staatsanwalt kommt

Marco Geuenich / Lars Kutzner

Wenn der Staatsanwalt kommt

So sind Sie bei unerwünschten Besuchen gewappnet

Frankfurter Allgemeine Buch

Bibliografische Information Der Deutschen Bibliothek –
Die Deutsche Bibliothek verzeichnet diese Publikation in der Deutschen Nationalbiografie; detaillierte bibliografische Daten sind im Internet über http://dnb.ddb.de abrufbar.

Marco Geuenich / Lars Kutzner

Wenn der Staatsanwalt kommt

So sind Sie bei unerwünschten Besuchen gewappnet

F.A.Z.-Institut für Management-,
Markt- und Medieninformationen GmbH,
Frankfurt am Main 2006

ISBN-13: 978-3-89981-115-5
ISBN-10: 3-89981-115-1

Frankfurter Allgemeine Buch

Cartoons Kai Felmy
Gestaltung/ Satz Umschlag F.A.Z.-Marketing/Grafik
Titelbild Corbis
Satz Innen Nicole Jäger
Druck und Bindung CPI Moravia Books, Pohorelice

Inhalt

Dunkles Kapitel

I Ermittlungen im Unternehmen? Doch nicht bei mir!?

Dr. Manfred Mustermann ist 45 Jahre alt, verheiratet und hat zwei Kinder. Wie jeden Montag verlässt er gegen 8.30 Uhr sein Haus und fährt zur Arbeit. Noch ahnt er nicht, was auf ihn an diesem Tag zukommen wird. Eine halbe Stunde später, Dr. Mustermann ist gerade im Büro angekommen, ruft seine Frau an. Völlig aufgelöst berichtet sie über ein halbes Dutzend Männer, die freundlich, aber bestimmt mit einem →Durchsuchungsbeschluss das Privathaus betreten hätten. Noch bevor er seine Frau beruhigen kann, steht seine Sekretärin vor ihm. Zwei Männer stünden im Vorzimmer und wollten ihn sprechen. Dr. Mustermann, schon leicht gereizt, herrscht seine Sekretärin an, er habe heute keine Termine, die Herren sollten später wiederkommen. Eine Minute später stehen die Beamten – es handelt sich um zwei Staatsanwälte – in seinem Zimmer und übergeben ihm ebenfalls einen gerichtlichen Durchsuchungsbeschluss. Dr. Mustermann überfliegt das Papier nur kurz:

Amtsgericht

Berlin-Tiergarten

Beschluss

In dem Ermittlungsverfahren

./. Dr. Mustermann, Manfred

wegen Untreue

....

Weiter kommt er nicht. →Ermittlungsverfahren? Untreue? Nur schemenhaft bekommt Dr. Mustermann mit, wie die Beamten ihn fragen, er erinnere sich doch sicher noch an das Geschäft mit der X-GmbH vor vier Jahren, das leider schief gegangen war und Millionenverluste einbrachte. Es bestehe der Verdacht, dass durch die Geschäftseingehung pflichtwidrig mit dem Gesellschaftsvermögen umgegangen worden sei.

Dr. Mustermann steht unter Schock und hört gar nicht mehr zu. Er ist einer von unzähligen Unternehmern, die in den vergangenen Jahren Besuch von Staatsanwaltschaft und Steuerfahndung bekommen haben. Obwohl sie wissen, wie man sich bei Verhandlungen mit hartnäckigen Geschäftspartnern verhält, Finanzierungen gestaltet und mit Staatspräsidenten Smalltalk betreibt, sind sie auf derartige Besuche in keiner Weise vorbereitet. Dabei bestimmt gerade in einer solchen Lage das Verhalten des Betroffenen maßgeblich das weitere Vorgehen der Beamten. Unbesonnene Handlungen können im schlimmsten Fall sogar den Gang ins Untersuchungsgefängnis bedeuten, etwa wenn der Betroffene versucht, Beweismittel zu verheimlichen, oder handgreiflich wird. Nicht ratsam ist es auch, hektisch Erklärungen abzugeben, die das frühere Verhalten rechtfertigen sollen. Wer glaubt, dadurch die Beamten nicht nur zum Verlassen des Gebäudes, sondern auch zum Beenden des Ermittlungsverfahrens bringen zu können, irrt sich gewaltig. Ruhig bleiben und schweigen heißt die richtige Devise. Den Rest sollte der anwaltliche Vertreter regeln. Worst case oder best case – das hängt eben maßgeblich von einem selbst ab.

Wer nun denkt, dies betreffe ihn alles nicht, Ermittlungen im eigenen Unternehmen gebe es nicht, kann sich schnell täuschen. Die Besuche der Strafverfolgungsorgane haben in den vergangenen Jahren zugenommen. Allein in Berlin zählte die Staatsanwaltschaft im Jahre 2004 über 14.000 eingeleitete Verfahren im Rahmen der Wirtschafts- und Steuerkriminalität, Tendenz steigend. Dies bedeutet einerseits mehr Arbeit für klassische Strafverteidiger, sollte aber auch heißen: mehr Prävention, mehr Aufklärung, mehr Verständnis für das Wirtschafts- und Steuerstrafrecht.

Immer häufiger geraten auch Unternehmen in den Fokus der Strafverfolgungsbehörden. Teilweise geschieht dies zu Recht, weil nicht pflichtgemäß mit dem anvertrauten Gesellschaftsvermögen umgegangen, städtische Beamte bestochen oder Bilanzen geschönt wurden. Sehr häufig stellt sich aber der zunächst erhobene Vorwurf, auf Grund dessen etwa Dr. Mustermann Besuch von der Staatsanwaltschaft bekam, später als falsch heraus. Dies ist oft in Wirtschaftsstrafsachen der Fall, bei denen die Sachlage meist komplizierter ist, als die Strafverfolger zunächst vermuten. Bei richtiger Beurteilung des Sachverhalts fällt der Vorwurf wie ein Kartenhaus in sich zusammen. Schließlich stehen die Unternehmen vielfach nur mit Dritten in gutem Glauben in geschäftlichem Kontakt, gegen die ihrerseits ein strafrechtliches Ermittlungsverfahren geführt wird. Im Zuge dessen können Beamte auch im eigenen, „unbescholtenen" Unternehmen nach Beweisen suchen. All diese Verfahren können je nach Ausgangslage sowohl die Unternehmen als auch die Unternehmer wirtschaftlich wie psychisch stark belasten.

Dieses Buch will versuchen, den Blick dafür zu schärfen, wo die Gefahrenpotenziale liegen und wie man ihnen begegnen kann. Es ist bewusst allgemein verständlich gehalten. In Anbetracht der behandelten Materie lassen sich juristische Fachausdrücke leider nicht ganz vermeiden. Sie werden aber in der Regel im Text erläutert. Soweit dies nicht geschieht, sind die Begriffe – mit einem → gekennzeichnet – im Glossar erklärt. Das Buch ist zudem so konzipiert, dass die einzelnen Kapitel auch separat gelesen werden können. Doch sei im Folgenden für alle geneigten Leser der Inhalt des gesamten Buches kurz umrissen.

Zunächst ist es wichtig zu wissen, inwiefern außerhalb der strafrechtlichen Verantwortlichkeit der natürlichen Personen auch Unternehmen zum Objekt staatlicher Strafverfolgung werden können. Auf Grund der sich in den vergangenen Jahren stets weiter restriktiv entwickelnden Gesetzeslage ist es heute auch möglich, Unternehmen für strafrechtlich relevantes Verhalten ihrer Mitarbeiter und/oder Mitglieder der vertretungsberechtigten Organe zu sanktionieren. Die entsprechenden Regelungen sind kompliziert. Sie zu erläutern und damit von vorneherein auch das Unternehmen in den Blickpunkt der weiteren Ausführungen zu rücken ist Gegenstand des Kapitels II. Dabei soll auch das „Dunkelfeld Imageschaden" nicht vergessen werden.

In Kapitel III betrachten wir sodann einige typische Fallkonstellationen, die in der Praxis Gegenstand von strafrechtlichen Ermittlungen sein können. Dabei wird das Problem einer möglichen Untreue bei unternehmerischem Handeln ebenso beleuchtet wie die strafrechtlichen Schwierigkeiten bei Fehlern im Subventionsantrag. Ziel ist es, Unternehmer für die Denkweise der Strafverfolgungsorgane und die rechtlichen Vorgaben der Strafgesetze zu sensibilisieren, quasi etwas Licht ins Dunkel des strafrechtlichen Normendschungels zu bringen, um dadurch das unternehmerische Handeln zu erleichtern.

Neben den klassischen Gebieten der Strafverfolgungspraxis sind zudem durch zahlreiche Gesetzesänderungen auf nationaler und europäischer Ebene auch neue Schwerpunkte der staatsanwaltschaftlichen Tätigkeit entstanden. Kapitel IV widmet sich den Neuerungen bei der Geldwäschebekämpfung und den gesetzgeberischen Maßnahmen am Kapitalmarkt. Eine Checkliste für die Prüfung eines Geldwäscheverdachts findet sich in Kapitel X.

Die Kapitel V und VI beschäftigen sich sodann mit einem besonderen Bereich der Strafverfolgung: der Steuerfahndung. Nicht erst seit Einführung des Kontenabrufverfahrens wird in Deutschland über die zahlreichen Quellen diskutiert, aus denen die Finanzverwaltung ihre Informationen erhält. Während sich Kapitel V mit den inländischen Informationsquellen der Steuerfahndung befasst, zeigt Kapitel VI die zahlreichen Möglichkeiten auf, auch aus dem Ausland Informationen zu erhalten. Sie werden überrascht sein, was Vater Staat alles kann.

In Kapitel VII wird es schließlich wieder für Dr. Mustermann interessant. Hier beschäftigen wir uns mit der richtigen Verhaltensweise bei →Durchsuchungen und →Beschlagnahmen. In welcher Position befindet sich der Betroffene? Was dürfen die Beamten? Was kann man gegen staatliche Ermittlungseingriffe tun? Welches Verhalten sollte man auf jeden Fall als Betroffener vermeiden? Hilfreiche Checklisten und Pläne für die mögliche Konfrontation mit den Organen des Staates finden Sie zudem in Kapitel X.

Nach alldem stellt sich für die Unternehmer die Frage: Wie kann man in Zukunft Besuche der Strafverfolger vermeiden? Kapitel VIII beschäftigt sich daher mit Präventionsmöglichkeiten in Steuerstraf- und Wirtschaftsstrafverfahren, insbesondere mit der Korruptionsprävention. Eine Checkliste in Kapitel X soll helfen, Korruptionsrisiken zu erkennen. Behandelt wird schließlich auch der richtige Umgang mit der Presse, um Imageschäden möglichst vorzubeugen.

Nach Abschluss der Lektüre empfehlen wir den Genuss eines guten Rotweins. Sie sind dann entspannt und entsprechend gewappnet für potenzielle Besuche der Strafverfolgungsorgane, obwohl wir Ihnen natürlich wünschen, davon verschont zu bleiben.

„Früher gab es hier große Unternehmen …“

II Auswirkungen auf das Unternehmen

Kommt es im Unternehmen zur Begehung von Straftaten und werden diese den Strafverfolgungsbehörden bekannt, gilt es, die möglichen Folgen für die betroffenen natürlichen und juristischen Personen abzuschätzen. Dieser Zweiklang der juristischen Folgenabschätzung hat in den vergangenen Jahren immense Bedeutung erlangt. Während sich früher sowohl Strafverteidiger als auch Staatsanwälte ausschließlich mit dem Täter, d. h. dem Unternehmensmitarbeiter bzw. dem Mitglied des vertretungsberechtigten Organs als strafrechtlich verantwortliche Person beschäftigt haben, wird heute stets auch das Unternehmen in den Mittelpunkt der strafrechtlichen Überlegungen gerückt. Dies kann auf verschiedene Weise geschehen:

- Aufgrund der Straftat eines Mitglieds des vertretungsberechtigten Organs bzw. eines Unternehmensmitarbeiters gerät das Unternehmen in negativer Weise in den Blickpunkt der Öffentlichkeit (Imageschaden).

- Dem Unternehmen sind durch die strafrechtlich relevanten Verhaltensweisen eines Mitglieds des vertretungsberechtigten Organs oder Mitarbeiters unberechtigt Vermögenswerte zugeflossen, die es nun abzuschöpfen gilt (→Vermögensabschöpfung).

- Aufgrund der Straftat eines Mitglieds des vertretungsberechtigten Organs oder eines Unternehmensmitarbeiters wird dem Unternehmen eine Geldbuße auferlegt (→Verbandsbuße).

- Aufgrund der strafrechtlich relevanten Verhaltensweisen eines Unternehmensmitarbeiters wird gegen das aufsichtspflichtige Mitglied des vertretungsberechtigten Organs eine Geldbuße verhängt (Geldbuße wegen Aufsichtspflichtverletzung).

Mit den Grundlagen und Folgen dieser staatsanwaltlichen Vorgehensweisen und Sanktionsmöglichkeiten sowie mit Reaktionsmöglichkeiten beschäftigt sich dieses Kapitel.

1 Das Unternehmen als Objekt staatlicher Bestrafung?

Die Rechtslage in Deutschland

Um keine Missverständnisse aufkommen zu lassen: Unternehmen können in Deutschland nicht bestraft werden. Sie sind nicht Subjekt staatlicher Strafverfolgung. Gegen sie können keine Strafverfahren eröffnet werden. Man kann Unternehmen nicht mit Freiheitsstrafen belegen. Überhaupt passen die tradierten strafrechtlichen Begrifflichkeiten wie z. B. Schuld, Vorsatz und Sühne nicht auf →juristische Personen. Dennoch ist es nicht völlig verfehlt, die gesetzlichen Möglichkeiten im Rahmen von Strafverfahren gegen Mitarbeiter bzw. Organmitglieder begrifflich im weitesten Sinne als Sanktionsmöglichkeiten zu verstehen. Dazu zählen neben der Verbandsbuße nach § 30 des Gesetzes über Ordnungswidrigkeiten (OWiG) vor allem die Abschöpfung der aus der Straftat erlangten Vermögenswerte. Letztere kann Unternehmen wirtschaftlich derart hart treffen, dass angesichts des eintretenden Kapitalverlustes nicht nur die weitere Unternehmensplanung vollständig umgestellt werden muss; vom stets eintretenden Imageschaden gar nicht zu reden. Teilweise, je nach Größe des abgeschöpften Vermögens und je nach wirtschaftlicher Lage des Unternehmens, kann der staatliche Eingriff sogar dazu führen, dass ein Insolvenzantrag wegen Überschuldung und/oder Zahlungsunfähigkeit gestellt werden muss.

Letzteres gibt es in der Praxis häufig. Gerät ein Unternehmen in wirtschaftliche Schieflage, wird der Geschäftsleiter versuchen, sowohl durch Kosteneinsparungen als auch durch Gewinn neuer Kunden und Abschluss neuer Geschäfte das Unternehmen wirtschaftlich(er) zu führen, um es vor der drohenden →Insolvenz zu bewahren. Nicht selten werden in diesen Situationen Straftaten begangen, etwa im Rahmen von Auftragsvergaben. Versucht beispielsweise der Unternehmer durch die Zahlung von Schmiergeldern an den Mitarbeiter eines anderen Unternehmens von diesem Aufträge zu erhalten, handelt es sich um eine strafbare Bestechung im geschäftlichen Verkehr gemäß § 299 des Strafgesetzbuches (StGB). In Höhe des Auftragsvolumens sind dem bestechenden Unternehmen nun Vermögenswerte zugeflossen. Um diese für einen eventuell später durch das Gericht anzuordnenden →Verfall oder für die →Rückgewinnhilfe zu sichern, wird die Staatsanwaltschaft bei Gericht die Pfändung der Geschäftskonten in entsprechender Höhe beantragen. Damit wird oft der gesamte Geschäftsbetrieb lahm gelegt. Die Insolvenz, die der Unternehmer durch die Bestechung eigentlich abwenden wollte, tritt nun erst recht ein. Zwar wird auch hier ausschließlich gegen den Unternehmer ein strafrechtliches →Ermittlungsverfahren eingeleitet. Auch kann es nur zu einer Verurteilung des Unternehmers kommen. Dennoch treffen die Folgen solcher Straftaten augenscheinlich auch das Unternehmen. Wem es hier immer noch am Sanktionscharakter der Maßnahme mangelt, dem sei folgender Fall aus der Praxis entgegengehalten.

Besticht nicht der Geschäftsleiter selbst, sondern – wie dies gerade in größeren Unternehmen eher vorkommen wird – z. B. der Leiter der Abteilung Einkauf/Verkauf des Unternehmens A seinen Geschäftspartner im Unternehmen B, wird das Unternehmen A zum Nebenbeteiligten im Strafprozess gegen dessen Mitarbeiter. Wird im Prozess gegen den Abteilungsleiter rechtskräftig festgestellt, dass dieser eine Straftat begangen hat, durch die dem Unternehmen A ein wirtschaftlicher Vorteil entstanden ist, kann gegen dieses eine ebenfalls vermögensabschöpfend wirkende Verbandsbuße und gegen das zuständige aufsichtspflichtige Mitglied des vertretungsberechtigten Organs eine persönliche Geldbuße wegen einer Aufsichtspflichtverletzung verhängt werden, obwohl weder das Organmitglied noch das Unternehmen selbst eine in strafrechtlicher Hinsicht relevante Handlung vorgenommen haben.

Die Rechtslage in Österreich

Trotz des Sanktionscharakters dieser Maßnahmen hat man sich in Deutschland gescheut, Unternehmen als juristische Personen unmittelbar zum Subjekt der staatlichen Strafgewalt zu „erheben". Anders ist die Rechtslage neuerdings in Österreich. Dort trat am 1. Januar 2006 das österreichische Bundesgesetz über die Verantwortlichkeit von Verbänden für Straftaten (Verbandsverantwortlichkeitsgesetz – VbVG) in Kraft. Das VbVG regelt, unter welchen Voraussetzungen Verbände, d. h. juristische Personen, für Straftaten verantwortlich sind bzw. wie diese sanktioniert werden können. Die Verantwortlichkeit der juristischen Person besteht nach dem VbVG, wenn die Straftat zu ihren Gunsten begangen wurde bzw. durch die Tat Pflichten verletzt wurden, die der juristischen Person auferlegt sind. Damit ähnelt die Regelung des § 3 Abs. 1 VbVG der deutschen Regelung in § 30 OWiG, auf die später noch zurückzukommen sein wird.

Als Reaktion auf die Straftat eines Entscheidungsträgers der juristischen Person oder eines sonstigen Mitarbeiters – die Anforderungen an die Verbindung zwischen Straftatbegehung und Verantwortlichkeit der juristischen Person divergieren je nachdem, ob die Straftat durch einen Entscheidungsträger oder sonstigen Mitarbeiter begangen wurde – sieht das VbVG eine Verbandsbuße vor. Sie wird in Form von Geldstrafen verhängt und orientiert sich am so genannten Tagessatzsystem. Anders als bei natürlichen Personen, bei denen sich die Tagessatzhöhe aus dem 30. Teil des Nettomonatseinkommens ergibt, orientiert sich die Tagessatzhöhe bei der Bemessung der österreichischen Verbandsbuße an der Ertragslage des Unternehmens unter Berücksichtigung der jeweiligen wirtschaftlichen Leistungsfähigkeit (360. Teil des Jahresertrages), wobei der Höchsttagessatz nicht über 10.000 Euro und der Mindesttagessatz nicht unter 50 Euro liegen darf. Da für die Straftat eine Buße von mindestens 40 und höchstens 180 Tagessätzen angesetzt werden darf, bewegt sich die Verbandsbuße folglich zwischen mindestens 2.000 Euro und höchstens 1,8 Millionen Euro.

Aus deutscher Sicht ist an der österreichischen Regelung vor allem interessant, dass die Verbandsbuße auch für einen eventuellen Rechtsnachfolger gelten kann. Dies bedeutet, dass sich deutsche Unternehmen bei Unternehmenskäufen in Österreich zukünftig darauf einstellen müssen, mögliche strafrechtliche Risiken des geplanten Erwerbsvorgangs im Rahmen einer →Criminal legal due diligence abzuschätzen.

Allerdings dürfte die Strafrechtsnachfolge dann entfallen, wenn die erworbene Beteiligung an dem österreichischen Unternehmen nur gering ist und keinen wesentlichen Einfluss auf den Geschäftsbetrieb hat. Abschließend geklärt ist dies jedoch nicht. Ebenso offen ist bisher, ob die nach österreichischem Recht den Rechtsnachfolger treffende Rechtsfolge einer Verbandsbuße auch gegen das erwerbende deutsche Unternehmen in Deutschland vollstreckt werden kann, wenn etwa der deutsche Erwerber das österreichische Unternehmen inzwischen liquidiert hat. Mit dem Verschwinden des Objekts der Bebußung könnte die Verbandsbuße in Österreich nicht mehr vollstreckt werden. Es wird abzuwarten sein, wie sich das zwischenstaatliche M&A-Geschäft diesbezüglich entwickeln wird. Dessen möglichen wirtschaftlichen Konsequenzen dürfen deutsche Unternehmen jedenfalls nicht außer Acht lassen, wollen sie nicht in den Verdacht geraten, durch die billigende Inkaufnahme von Geldbußen gleichzeitig ihr eigenes Vermögen geschmälert zu haben. Darin könnte man eine Untreue zu Ungunsten des die Buße übernehmenden Unternehmens sehen. Im Transaktionsgeschäft ist also gerade im Hinblick auf strafrechtliche Rechtsfolgen Wachsamkeit anzuraten.

2 Vermögensabschöpfung gegen Unternehmen

Die Ausweitung des staatsanwaltlichen Fokus auf Unternehmen zeigt sich vor allem an der inzwischen konsequenten Anwendung der Vorschriften über die Vermögensabschöpfung nach den §§ 73 ff. des Strafgesetzbuches (StGB) und den §§ 111 b ff. der Strafprozessordnung (StPO). Sie beinhalten ein umfassendes Instrumentarium, mittels dessen es den Strafverfolgungsbehörden und den Gerichten ermöglicht wird, dem Täter den unredlich erlangten Gewinn zu entziehen, Tatmittel einzuziehen und gegebenenfalls das Tatopfer zu entschädigen (→Einziehung, →Verfall und →Rückgewinnhilfe).

Die §§ 73 ff. StGB sind dabei keine Errungenschaft des 21. Jahrhunderts. Die Vorschriften über die Einziehung und den Verfall wurden bereits 1969 im Rahmen des 2. Strafrechtsänderungsgesetzes in das Strafgesetzbuch integriert. Nach ihrer Einführung hielten sie lange einen Dornröschenschlaf. Erst seit einigen Jahren haben zunächst die Schwerpunktabteilungen für Wirtschafts- und Steuerstrafrecht bei den Staatsanwaltschaften und im Weiteren auch die Straf- und Bußgeldstellen bei den Finanzbehörden damit begonnen, die umfassenden gesetzlichen Möglichkeiten der §§ 73 ff. StGB ausgiebig zu nutzen.

Aus unternehmerischer Sicht ist vor allem die Regelung des Verfalls nach § 73 StGB von Bedeutung. Sie ist eine Art strafrechtliche Kondiktionsnorm, ähnlich einem zivilrechtlichen Bereicherungsanspruch nach § 812 des Bürgerlichen Gesetzbuches (BGB). Durch die Abschöpfung von Vermögenswerten wird dem Täter der unredlich erlangte Gewinn wieder entzogen. Er wird so gestellt, als hätte es letzteren nie gegeben. Die Möglichkeit zur Vermögensabschöpfung besteht bei allen rechtswidrigen Taten, d. h. bei allen Straftaten des Strafgesetzbuches und anderer Gesetze. In diesem Zusammenhang ist es nicht erforderlich, dass der Täter die Straftat vorsätzlich begangen hat. Auch bei fahrlässigen Straftaten kann der dadurch entstandene Gewinn wieder abgeschöpft werden.

Abgeschöpft wird stets das aus der Straftat Erlangte. Dies klingt zunächst unproblematisch, ist es jedoch bei näherer Betrachtung keinesfalls. Erlangt werden nämlich nicht nur Geldzuflüsse, sondern wirtschaftliche Vorteile jeder Art, also z. B. auch erhöhte konkrete Gewinnchancen. Es ist oft nicht einfach, Ausmaß und Höhe des Erlangten in rechtsstaatlicher Art und Weise zu bestimmen.

Die Bestimmung des Erlangten vollzieht sich zudem nach dem Bruttoprinzip. Danach wird der Vermögensvorteil in voller Höhe abgeschöpft, ohne dass es möglich wäre, damit zusammenhängende Aufwendungen in Abzug zu bringen. Von besonderer Bedeutung ist dies z. B. bei Steuerverfehlungen, wie folgendes Beispiel zeigt:

Begeht der Finanzvorstand zu Gunsten seines Unternehmens eine Steuerstraftat durch vorsätzlich unrichtige Angaben, die im Ergebnis zu einer unrichtigen Steuerfestsetzung und damit zu einer Steuerverkürzung führt, kann es nach Abschluss des Steuerstrafverfahrens zur Abschöpfung des Vermögensvorteils kommen. Diese wird sich auf den gesamten ungerechtfertigt erlangten steuerlichen Vorteil beziehen. Etwaige Minderungen des steuerlichen Vorteils, sind nicht möglich.

Zu beachten ist aber, dass der Bundesgerichtshof kürzlich entschieden hat, dass bei der Ermittlung der Verfallssumme die darauf anfallende Steuer abzuziehen ist. Grund ist der Gleichheitssatz aus Art. 3 Abs. 1 des Grundgesetzes (GG). Es ist mit diesem nicht vereinbar, einerseits den unredlich erlangten Bruttogewinn abzuschöpfen, andererseits diesen Bruttogewinn aber zusätzlich noch einer Besteuerung zu unterwerfen. Damit käme es zu einer nicht mit Art. 3 Abs. 1 GG zu vereinbarenden Schlechterstellung des Straftäters, da dieser im Ergebnis nicht nur so gestellt würde wie vor Begehung der Straftat, sondern ihm zusätzlich noch eine Art Strafsteuer auferlegt würde, welche die Vorschriften über die Vermögensabschöpfung gerade nicht vorsehen.

Nun kann man sicher fragen, was die bisher dargestellten Regelungen mit Unternehmen zu tun haben. Denn abgeschöpft wird schließlich beim Straftäter. Da aber Unternehmen keine Täter sein können, werden diese doch niemals Objekt der Abschöpfung sein? Dieser vermeintlichen Lücke ist der Gesetzgeber mit der Regelung des →Drittverfalls begegnet. Danach kann der Verfall auch gegenüber einem Dritten, d. h. gegenüber einem Unternehmen, angeordnet werden, wenn der unmittelbare Täter, also z. B. der Geschäftsführer, der Vorstand, der Prokurist oder der →leitende Angestellte, für den Dritten gehandelt hat. Dabei ist es für die Anordnung des Verfalls gegen das Unternehmen grundsätzlich unerheblich, ob der Täter

Mitglied des vertretungsberechtigten Organs ist oder sonst im Auftrag oder für das Unternehmen gehandelt hat. Entscheidend ist, dass im Zuge einer Straftat für den Dritten etwas erlangt wurde. Insofern kann der Drittverfall selbst dann angeordnet werden, wenn der Dritte von der Straftat des Täters nichts gewusst hat, also – wie oft bei Wirtschafts- und Steuerstraftaten im Unternehmensbereich – der Vermögenszufluss beim Unternehmen in dem Glauben der Verantwortlichen erfolgte, es handle sich um einen legalen Zufluss im Rahmen eines normalen Geschäftsabschlusses bzw. um einen Steuervorteil im Zuge einer anerkannten steuerlichen Gestaltung.

In der Praxis ist vor allem entscheidend, auf welche Art und Weise es zur Anordnung des Verfalls kommt. Nach § 73 StGB kann dieser vom Gericht erst nach rechtskräftiger Feststellung der Straftat angeordnet werden. Es muss also erst zu einer rechtskräftigen Verurteilung des Täters gekommen sein. Daraus folgt aber nicht, dass das Unternehmen bis zum Zeitpunkt der Verurteilung zunächst mit dem illegal erlangten Vermögen nach Belieben umgehen und somit dem Verfall entgehen könnte, indem es die erlangten Vermögenswerte im Rahmen seiner Geschäftstätigkeit verwendet. Auch hier hat der Gesetzgeber reagiert und in der Strafprozessordnung (StPO) mit den §§ 111 b ff. StPO entsprechende Eingriffsnormen zur vorsorglichen Sicherstellung der bemakelten Vermögenswerte geschaffen.

So wird zunächst die Staatsanwaltschaft beim zuständigen Amtsgericht zwecks vorläufiger Sicherung der möglicherweise dem Verfall oder der Rückgewinnhilfe unterliegenden Vermögenswerte z. B. den dinglichen Arrest derselben beantragen (§ 111 b Abs. 2 und 5 StPO). Da es sich im Rahmen eines staatsanwaltlichen Vorgehens gegen Unternehmen in aller Regel um Geldbeträge handeln wird, die auf die Geschäftskonten geflossen sind, wird die Staatsanwaltschaft den vom Gericht angeordneten dinglichen Arrest durch Pfändung der Geschäftskonten vollstrecken (§§ 111 b Abs. 1, 2 und 5, 111 d StPO). Dabei bedarf es nicht einmal eines gesondert beauftragten Vollstreckungsbeamten, wie er aus dem Zivilrecht bekannt ist. Vielmehr ist der Staatsanwaltschaft selbst die Rolle des Vollstreckungsbeamten zugewiesen. Auch sind z. B. die →Drittschuldnererklärungen nach § 840 der Zivilprozessordnung (ZPO) nicht gegenüber dem Vollstreckungsgericht, sondern gegenüber der Staatsanwaltschaft abzugeben.

Kommt es zur Pfändung eines Geschäftskontos, kann dies – vor allem bei kleinen und mittelständischen Unternehmen – zu verheerenden Folgen führen, da das Unternehmen über einen Teil des möglicherweise für den weiteren Geschäftsfortgang dringend benötigten Vermögens nicht mehr verfügen kann. Da hilft es auch nicht, mit den Kreditinstituten über eine Freigabe der Gelder zu reden. Dies ist den Kreditinstituten nicht gestattet. Eine Freigabe der gepfändeten Konten würde zwar keine strafbare Handlung darstellen, hätte aber wohl bankenaufsichtsrechtliche Konsequenzen. Daher bleiben zur Abwendung des Arrests nur folgende Vorgehensweisen:

Hat die Staatsanwaltschaft auf dem Privatkonto des Beschuldigten eine Pfändung angebracht, kann dieser gegen den Arrestbeschluss des Amtsgerichts form- und fristlos Beschwerde einlegen. Sollte die Staatsanwaltschaft den Arrest wegen Gefahr im Verzug ohne gerichtlichen Beschluss angeordnet haben, kann der Beschuldigte, da die Anordnung des Arrests im Grunde nur dem Gericht zusteht, eine richterliche Überprüfung der staatsanwaltlichen Anordnung beantragen. Dabei wird das Gericht nicht nur überprüfen, ob ein →Arrestgrund und ein →Arrestanspruch vorliegen, sondern auch, ob bei der Pfändung die anwendbaren Vorschriften der ZPO beachtet wurden, z. B. die Vorschriften über →Pfändungsgrenzen.

Hat die Staatsanwaltschaft dagegen abweichend vom Beschuldigten das Geschäftskonto des Unternehmens gepfändet, so steht auch dem Unternehmen, vertreten durch das vertretungsberechtigte Organ, eine Beschwerde zu, da es durch die Maßnahme der Staatsanwaltschaft beschwert wird.

Anders verhält es sich dagegen, wenn der Beschuldigte Vermögenswerte, die eigentlich dem Unternehmen zustehen, besitzt. Dies ist häufig in Korruptionsfällen von Bedeutung, wie folgender Fall zeigt:

Der Leiter der Abteilung Einkauf/Verkauf bei der K-AG, Herr Müller, kauft beim Automobilhändler V-GmbH Pkw ein. Um mit der K-AG überhaupt Geschäfte machen zu können, musste der Vertriebsleiter der V-GmbH Herrn Müller einen Pkw „schenken“. In diesen Fällen hat die GmbH gegenüber Herrn Müller einen Anspruch auf Herausgabe des Pkw. Beschlagnahmt nun die Staatsanwaltschaft im Rahmen des →Ermittlungsverfahrens gegen Herrn Müller dessen Wagen, verhindert sie damit zugleich die zivilrechtliche Durchsetzung des Herausgabeanspruchs der V-GmbH gegen ihn. In solchen Fällen steht dieser kein Beschwerderecht zu. Es kann aber im Rahmen der →Drittwiderspruchsklage nach § 771 ZPO gegen die Pfändung vorgehen.

Da die Pfändung der Geschäfts- bzw. der Privatkonten nur im Wege eines Arrestbeschlusses erfolgen kann, finden in diesem Zusammenhang auch die für den zivilrechtlichen Arrest gültigen Vorschriften der ZPO Anwendung. Für die Frage des Umgangs mit gepfändeten Konten ist dabei insbesondere von Bedeutung, dass der Arrest nur dann aufrechterhalten werden kann, wenn ein entsprechendes Sicherstellungsbedürfnis, d. h. der Arrestgrund vorliegt. Daran fehlt es regelmäßig, wenn über den Arrestanspruch – d. h. über das Vorliegen einer Straftat, aus der die zu arretierenden Vermögenswerte herrühren – hinaus nicht auch nachweisbar die Gefahr besteht, dass bei Nichtvollstreckung des Arrestbeschlusses die Sicherung der möglicherweise später dem Verfall unterliegenden Vermögenswerte zumindest erheblich erschwert werden würde (§ 917 Abs. 1 ZPO). Aus dem Arrestanspruch allein ergibt sich ein solches Sicherstellungsbedürfnis jedenfalls nicht.

Liegt jedoch das Sicherstellungsbedürfnis vor, gibt es nur noch wenige Möglichkeiten, die Vollstreckung des dinglichen Arrests zu verhindern. Eine Option besteht darin, die Vollstreckung durch Beibringung einer Bankbürgschaft zumindest vorläufig abzuwenden. Dies setzt aber voraus, dass eine so genannte Abwendungsbefugnis im Arrestbeschluss des Amtsgerichts eingeräumt wurde. Die andere Option besteht darin, die arretierte Summe zu hinterlegen. Dies hat – was offensichtlich sein dürfte – kaum praktischen Nutzen, da es dem Unternehmen weiterhin nicht möglich ist, mit dem Vermögen zu wirtschaften.

Speziell in Steuerstrafverfahren besteht eventuell noch ein weiteres Abwendungsmittel. Die Abgabenordnung kennt im Rahmen des →Besteuerungsverfahrens den so genannten steuerlichen Arrest. Daher besteht im Steuerstrafverfahren, in dem der Staat als Verletzter auftritt, für diesen die Möglichkeit, sich durch eigene Maßnahmen, d. h. durch die Anordnung des steuerlichen Arrests nach § 324 AO, selbst zu helfen, ohne dass die Straf- und Bußgeldstelle als speziell zuständige Staatsanwaltschaft gesondert die Anordnung des dinglichen Arrests beantragen müsste. Nach dieser, unter anderem vom Landgericht Berlin vertretenen Auffassung, läge dann das für den Erlass eines gerichtlichen Arrestbeschlusses notwendige Sicherstellungsbedürfnis nicht mehr vor, da sich der Staat als Verletzter schließlich selbst helfen könne. Mit dieser Vorgehensweise lässt sich indes nur Zeit gewinnen, die jedoch manchmal, wenn wichtige Investitionen noch getätigt werden müssen, relevant sein kann. Letztlich würde dies aber nicht zur endgültigen Abwendung der Arretierung führen, da die Finanzverwaltung zur Sicherung ihrer Steueransprüche sofort selbst den steuerlichen Arrest anordnen würde.

3 Das Unternehmen als Nebenbeteiligter

Unternehmen können bei strafrechtlich relevanten Verfehlungen von Geschäftsleitern und sonstigen Führungspersonen auch in das eingeleitete Strafverfahren hineingezogen werden. Sie werden zu Nebenbeteiligten. Die meisten sind zunächst entsetzt, ja förmlich paralysiert, wenn ihnen durch ein förmliches Schreiben der Staatsanwaltschaft ihre Nebenbeteiligung bekannt gegeben wird. Sie fühlen sich diskriminiert und zu Unrecht in die Ecke von kriminellen Vereinigungen gedrängt. Dies ist bei allem Verständnis für die psychologische Wirkung solcher Bekanntgabeschreiben insofern unrichtig, als die Kundgabe der Nebenbeteiligung gerade nicht dazu führt, das Unternehmen bzw. dessen Führung zu Beteiligten an der Straftat des (ehemaligen) Mitglieds des vertretungsberechtigten Organs zu machen. Zutreffend ist aber, dass jedenfalls in den Fällen, in denen dem Unternehmen durch die Straftat Vermögensvorteile entstanden sind, gegen das Unternehmen mit der Verbandsbuße nach § 30 OWiG eine selbständige Rechtsfolge festgesetzt werden kann.

Der Gesetzgeber bezweckt mit der Regelung des § 30 OWiG, Schlupflöcher für Unternehmen zu schließen, um sie auch zu regelgerechtem Geschäftsverhalten anzuhalten. Entsprechend weit ist der Anwendungsbereich des § 30 OWiG. Die Verhängung einer Geldbuße gegen das Unternehmen wegen einer strafbewehrten Verletzung von Pflichten, die das Unternehmen als juristische Person treffen, durch ein Mitglied des vertretungsberechtigten Organs der Gesellschaft bzw. durch sonst zur Vertretung Berechtigte ist selbst dann möglich, wenn das Verfahren gegen den Täter eingestellt oder von Strafe abgesehen wurde. Die Möglichkeit der so genannten selbständigen Festsetzung der Geldbuße gegen das Unternehmen entfällt nur,

- wenn es aus Rechtsgründen zu der Feststellung gekommen ist, dass das beschuldigte Mitglied des vertretungsberechtigten Organs keine Straftat begangen hat, der Geschäftsvorgang sich also als nicht strafbewehrt herausstellt oder

- die Straftat inzwischen verjährt ist.

Voraussetzung für eine Verbandsbuße ist, dass jemand, der in →materiellrechtlicher Hinsicht für die Unternehmensleitung verantwortlich zeichnet, in strafbewehrter Weise eine Pflicht verletzt hat, welche die juristische Person bzw. Personenvereinigung selbst trifft. Zum Kreis der „Unternehmensleitung" gehören neben den Mitgliedern des vertretungsberechtigten Organs einer Gesellschaft ferner

- der Vereinsvorstand,
- der vertretungsberechtigte Gesellschafter,
- der Generalbevollmächtigte,
- der Prokurist,
- der Handlungsbevollmächtigte und – was oft übersehen wird –
- auch sonstige Personen, die für die Leitung des Betriebs bzw. des Unternehmens mit verantwortlich sind, weil zu ihrem Aufgabenkreis auch die Überwachung der Geschäftsführung oder die sonstige Ausübung von Kontrollbefugnissen gehört.

Zu diesem letzterem Kreis gehören vor allem die Abteilungsleiter. Die Regelung des § 30 OWiG, die in ihrer heutigen, weiten Fassung auf Vorgaben der Europäischen Union zurückgeht, hat zu einer nicht zu unterschätzenden Ausdehnung des möglichen Täterkreises geführt. Während Verbandsbußen früher z. B. nur bei strafrechtlichen Verfehlungen eines Mitglieds des vertretungsberechtigten Organs der Gesellschaft in Betracht kamen, müssen die Unternehmen jetzt auch mit Bußen rechnen, wenn Abteilungsleiter zu Gunsten des Unternehmens aus falsch verstandener Solidarität den Rahmen des rechtlich erlaubten Geschäftsverhaltens überdehnen.

Klassisch für die daraus resultierenden erheblichen Risiken für das Unternehmen sind z. B. die Fälle des Subventionsbetrugs im Bereich Forschung und Entwicklung (F&E), wenn etwa der zuständige Abteilungsleiter ohne Kenntnis seines Vorstands bei der Darstellung der subventionserheblichen Tatsachen im Subventionsantrag von der Wahrheit abweicht. Wird gegen den Abteilungsleiter wegen Subventionsbetrugs ein →Ermittlungsverfahren eingeleitet, kann es auf Grund der Begünstigung des Unternehmens durch die Subvention zur Festsetzung einer Verbandsbuße kommen, da die

Pflicht, im Subventionsverfahren richtige Angaben zu machen, dem Subventionsempfänger, d. h. dem Unternehmen, obliegt.

Noch viele weitere Fallkonstellationen sind denkbar. In jüngster Zeit haben – außerhalb des § 30 OWiG – vor allem Fälle im Kartellbereich für Aufsehen gesorgt. Nach § 81 Abs. 1 Nr. 1 des Gesetzes gegen Wettbewerbsbeschränkungen (GWB) handelt ordnungswidrig, wer z. B. seine marktbeherrschende Stellung missbraucht (§ 19 Abs. 1 GWB). In diesen Fällen kann das Bundeskartellamt gegen jedes am Kartell beteiligte Unternehmen Geldbußen verhängen, die nach § 81 Abs. 4 GWB bis zu zehn Prozent des im Vorjahr durch das Unternehmen erzielten Gesamtumsatzes betragen können. Angesichts des öffentlich propagierten staatlichen Kampfes gegen „Kartellsünder" und im Zuge wachsender Verbindungen von Unternehmen – auch und vor allem auf internationaler Ebene – wird es in Zukunft vermehrt zu Konflikten mit den Kartellbehörden kommen. Dies zeigt sich auch daran, dass das Bundeskartellamt bemüht ist, vermehrt Kartellverstöße aufzudecken. Dazu greift es – wie auch die Wettbewerbshüter auf europäischer Ebene – neben den üblichen Erkenntnisquellen auf die Möglichkeit einer kartellrechtlichen Kronzeugenregelung (Bonusregelung) zurück, wonach geständigen Kartellsündern die Geldbuße erlassen oder wesentlich reduziert werden kann.

Die Höhe der festzusetzenden Geldbuße richtet sich sonst im Rahmen des § 30 OWiG nach der Art des zu Grunde liegenden Verstoßes durch den Täter, also z. B. durch den Vorstand.

1. Begeht der Täter nur eine →Ordnungswidrigkeit, ergibt sich aus dem für diese festgesetzten Höchstmaß der persönlichen Buße auch das Höchstmaß der Verbandsbuße. Anders ist dies – wie oben dargelegt – im Kartellrecht.

2. Handelt es sich dagegen um eine vorsätzlich begangene Straftat, beträgt das Höchstmaß der Verbandsbuße eine Million Euro. Ist die Straftat nur fahrlässig begangen, reduziert sich das Höchstmaß auf 500.000 Euro.

3. Gelegentlich erfüllt ein Verhalten sowohl einen Straftatbestand als auch den Tatbestand einer Ordnungswidrigkeit. In diesen Fällen kann die zuständige Behörde die – im Höchstmaß gegenüber der auf einer Straftat basierenden Geldbuße deutlich verminderte – Verbandsbuße nach dem Tatbestand der Ordnungswidrigkeit bestimmen, auch wenn eigentlich nach § 21 OWiG die Straftat die Ahndung der Ordnungswid-

rigkeit verdrängen würde. Diese Regelung kann aber umgekehrt zu einer Erhöhung der festzusetzenden Verbandsbuße führen; dies vor allem im Kartellrecht. Ist mit der Begehung einer Kartellordnungswidrigkeit nach § 81 Abs. 1 Nr. 1 GWB zugleich auch der Straftatbestand der strafbaren Preisabsprache nach § 298 StGB erfüllt, würde eine konsequente Anwendung des § 21 OWiG zu einer Höchstbuße von einer Million Euro führen. Wird jedoch die Verbandsbuße anhand der Ordnungswidrigkeit bestimmt, kann diese – wie dargestellt – bis zu zehn Prozent des im Vorjahr durch das Unternehmen erzielten Gesamtumsatzes betragen. Hier käme es zu einer deutlichen Schlechterstellung des Unternehmens.

Unternehmen sollten sich aber auch außerhalb der kartellrechtlichen Besonderheiten nicht darauf verlassen, z. B. angesichts eines durch ein illegales Geschäft erzielten Mehrerlöses von 500 Millionen Euro die – vergleichsweise geringe – Verbandsbuße von nur einer Million Euro in Kauf zu nehmen. Das Höchstmaß der Verbandsbuße nach § 30 OWiG kann nämlich auch überschritten werden. Dies ermöglicht die Verweisung in § 30 Abs. 3 OWiG auf § 17 Abs. 4 OWiG. Danach kann das gesetzlich festgelegte Höchstmaß der Verbandsbuße überschritten werden, wenn dieses Höchstmaß zur Abschöpfung des durch die Straftat erlangten Mehrerlöses nicht ausreichen würde. Beträgt dieser Mehrerlös also 500 Millionen Euro, wird die Verbandsbuße zwecks Vermögensabschöpfung mindestens 500 Millionen Euro betragen, noch zusätzlich erhöht durch die eigentliche Verbandsbuße von bis zu einer Million Euro, durch welche die begangene Verfehlung geahndet werden soll. Mit dieser Regelung sichert der Staat, dass beim Unternehmen keine wirtschaftlichen Vorteile verbleiben.

Neben diesen negativen Folgen hat ein Unternehmen als Nebenbeteiligter aber auch die Chance, der Gefahr einer Verbandsbuße aktiv zu begegnen. Als Nebenbeteiligter rückt das Unternehmen in die Rolle eines Verfahrensbeteiligten. Damit ist es ihm möglich – in den gesetzlich gezogenen Grenzen – auf das Verfahren, insbesondere auf die Urteilsfindung in der Hauptverhandlung, einzuwirken. Dies kann vor allem dann von Bedeutung sein, wenn das Unternehmen von der Unschuld seines Angestellten bzw. des Mitglieds des vertretungsberechtigten Organs überzeugt ist. Hier kann es von Vorteil sein, zusammen mit dem Mitarbeiter bzw. dem Organmitglied auf einen Freispruch hinzuwirken, da es dann weder zur Anordnung des Verfalls noch zur Festsetzung einer Verbandsbuße gegen das Unternehmen kommen würde.

Voraussetzung für ein solches Vorgehen ist das unbedingte Vertrauen der Unternehmensführung in die Redlichkeit des Beschuldigten. Dies ist aber nicht immer der Fall. Oft kommt es gerade auf Grund von Erkenntnissen der unternehmenseigenen →Compliance-Abteilung zur Erstattung einer Strafanzeige durch die Unternehmensleitung. Oder es gibt erste Hinweise auf eine Straftat von außen. Dann führen die unternehmensinternen Nachforschungen oft dazu, dass sich der geäußerte Verdacht jedenfalls aus Sicht des Unternehmens bestätigt. In diesen Fällen wäre es schon angesichts der offenkundig kollidierenden Interessen des Beschuldigten einerseits und des Unternehmens andererseits für letzteres verheerend, Stellung für den Beschuldigten zu beziehen.

Zu warnen ist aber davor, zu schnell pauschale Vorverurteilungen des Beschuldigten zu treffen. Vielmehr sollten die Möglichkeiten und Chancen, die mit dessen Unterstützung einhergehen können, stets sorgsam erwogen werden.

4 Betriebliche Aufsichtspflichtverletzungen

Neben der juristischen Person können auch ihre vertretungsberechtigten Organe bzw. deren Mitglieder auf Grund von strafrechtlich relevanten Pflichtverletzungen durch untergebene Mitarbeiter ordnungsrechtlich belangt werden. Diese Möglichkeit eröffnet § 130 OWiG. Danach können der Betriebs- oder Unternehmensinhaber bzw. die Organe, Organmitglieder, Vertreter oder Beauftragten einer Gesellschaft mit einer Geldbuße belegt werden, wenn sie ihre Aufsichtspflichten verletzt haben und es so zu einer Straftat durch einen Mitarbeiter gekommen ist.

Nun führt nicht jede strafbewehrte Pflichtverletzung zu einer Haftung wegen einer Aufsichtspflichtverletzung. Vielmehr eröffnet nur die Verletzung solcher Pflichten den Anwendungsbereich des § 130 OWiG, die – nach dem Wortlaut der Norm – den Inhaber „als solchen" treffen. Darunter versteht man in der Regel nur die so genannten betriebsbezogenen Pflichten. Damit sind nach heute überwiegender Ansicht alle Pflichten gemeint, die im Zusammenhang mit der Führung des Unternehmens stehen. Die Zuwiderhandlung muss mit Strafe oder zumindest mit einem Bußgeld bedroht sein. Klassisches Beispiel ist das Nichtabführen von Arbeitnehmerbeiträgen zur Sozialversicherung. Die Verletzung dieser Pflicht ist nach § 266 a Abs. 1 StGB mit Strafe bedroht. Wird die Pflicht vom eigentlich zuständigen Vorstandsmitglied einem leitenden Unternehmensmitarbeiter übertragen, bleibt das Vorstandsmitglied weiterhin dazu verpflichtet, das ordnungsgemäße Abführen der Beiträge durch den leitenden Mitarbeiter zu überwachen. Kommt das Vorstandsmitglied dieser Pflicht nicht nach und unterlässt der leitende Mitarbeiter in der Folge das Abführen der Arbeitnehmerbeiträge zur Sozialversicherung, kann gegen das Vorstandsmitglied wegen der Aufsichtspflichtverletzung eine Geldbuße nach § 130 OWiG verhängt werden.

Nicht gerechtfertigt ist es jedoch, dem Aufsichtspflichtigen wegen einer Aufsichtspflichtverletzung eine Geldbuße aufzuerlegen, obwohl er bei Pflichterfüllung den Schadenseintritt nicht hätte verhindern können. Anders ausgedrückt: Wäre es auch bei gehöriger Aufsicht zum Nichtabführen der Sozialversicherungsbeiträge gekommen, wäre die Verhängung einer Geldbuße gegen das Vorstandsmitglied nicht gerechtfertigt. Doch hilft dieser Einwand leider oft nur wenig. In partieller Loslösung vom Grundsatz der Unschuldsvermutung, der im Recht der Ordnungswidrigkeiten anders als im Strafrecht nur wenig Geltung hat, sieht das Gesetz die Verhängung einer Geldbuße gegen den Aufsichtspflichtigen selbst dann vor, wenn festgestellt werden kann, dass bei gehöriger Aufsicht die Begehung der Straftat zumindest wesentlich erschwert worden wäre.

Mit dieser „Erschwerungsklausel" wird der Anwendungsbereich des § 130 OWiG erheblich erweitert. Dass Aufsichtsmaßnahmen strafbare Handlungen durch Unternehmensmitarbeiter generell erheblich erschweren, liegt auf der Hand. Bei Unternehmen, die bereits →Compliance-Systeme aufgebaut haben, stellt sich allerdings die Frage, ob auch dort trotz eines bestehenden Überwachungssystems die Verhängung einer Geldbuße in Betracht kommt. Hat der Aufsichtspflichtige ein →Risk-Management-, Revisions- und →Compliance-System eingerichtet, spricht vieles gegen eine Aufsichtspflichtverletzung. Indes ist es mit der Einrichtung eines solchen Überwachungssystems nicht getan. Vielmehr ist es notwendig, das eingerichtete System im Hinblick auf seine Funktionsfähigkeit ständig zu überprüfen und weiter zu entwickeln. Erst dann kann von einer →Exkulpation des Aufsichtspflichtigen ausgegangen werden. In diesen Fällen wird es an einer Aufsichtspflichtverletzung fehlen, welche die Verhängung einer Geldbuße rechtfertigen würde.

Handelt es sich bei dem Aufsichtspflichtigen um ein Organ mit mehreren Mitgliedern, ist noch auf eine Besonderheit hinzuweisen. Üblicherweise wird es im vertretungsberechtigten und aufsichtspflichtigen Organ eine Geschäftsverteilung geben. Dies ändert aber zunächst nichts am Bestehen der Gesamtverantwortlichkeit des aufsichtspflichtigen Organs. Im Grundsatz haften also alle Organmitglieder für die Aufsichtspflichtverletzung eines Organmitglieds. Dies ändert sich jedoch, wenn – wie in der Regel – die Aufsicht über einen bestimmten Bereich (Finanzen, Einkauf, Technik, Auslandsgeschäft, etc.) einem Organmitglied zugewiesen ist (Ressortzuständigkeit). Die Ressortzuständigkeit erlaubt es aber den sonstigen Organmitgliedern nicht, die Augen vor möglichen Pflichtverletzungen ihres Kollegen zu verschließen. Erkennt also z. B. der Vorstand Finanzen, dass es im Bereich seines Kollegen vom Einkauf/Verkauf zu Unregelmäßigkeiten gekommen ist, weil dort Mitarbeiter korrupt sind, muss er seinen Vorstandskollegen darauf ansprechen. Wiegelt dieser ab, ist es die Pflicht des kritischen Finanzvorstandes, die Angelegenheit in der nächsten Vorstandssitzung zur Sprache zu bringen. Wird auch hier die Sache unter den

Teppich gekehrt, bleibt ihm nichts anderes übrig, als den Aufsichtsrat zu informieren. Erst dann hätte er – um die Rechtsprechung zu zitieren – seine Mitwirkungsmöglichkeiten als Organmitglied voll entfaltet. Nur dann müsste er jedenfalls weder eine zivilrechtliche Haftung noch eine Buße nach § 130 OWiG fürchten, wäre es im Ressort seines Kollegen tatsächlich zu Straftaten gekommen.

Wird indes festgestellt, dass bei gehöriger Aufsicht die Begehung der Straftat zumindest erheblich erschwert worden wäre, bemisst sich die Höhe der Geldbuße nach einem der Bemessung der Verbandsbuße nach § 30 OWiG verwandten System:

- Handelt es sich bei der vermeidbaren Pflichtverletzung des Unternehmensmitarbeiters um eine vorsätzliche Straftat, so kann die Geldbuße höchstens eine Million Euro betragen, bei fahrlässigen Straftaten höchstens 500.000 Euro.

- Handelt es sich bei der vermeidbaren Pflichtverletzung um eine Ordnungswidrigkeit, wird das Höchstmaß der Buße durch das Höchstmaß der im Hinblick auf die Pflichtverletzung angedrohten Geldbuße festgelegt.

Gelegentlich kommt es vor, dass das vertretungsberechtigte Organ beschließt, die gegen ein Organmitglied nach § 130 OWiG verhängte Geldbuße durch das Unternehmen übernehmen zu lassen. Vor einem solchem Vorgehen ist zu warnen. Die Geldbuße wegen Verletzung der betrieblichen Aufsichtspflicht nach § 130 OWiG hat Sanktionscharakter. Mit der Sanktion verbindet der Staat die Hoffnung, den Betroffenen in Zukunft zu normgemäßem Verhalten, d. h. hier zur ordnungsgemäßen Wahrnehmung seiner Aufsichtspflichten, anzuhalten. Durch die Übernahme der persönlich gegen das Organmitglied verhängten Buße würde – aus Sicht des Staates – dieser Sanktionscharakter unterlaufen werden. Somit stellt die Übernahme von wirtschaftlich werthaltigen Sanktionen durch die Gesellschaft eine nicht unbedingt mit dem Unternehmensinteresse zu vereinbarende Handlung dar. Daher kommt auch – und nicht erst seit dem Urteil des BGH in Sachen Mannesmann/Vodafone – eine Strafbarkeit der Organmitglieder, die eine Übernahme der Geldbuße beschließen, wegen Untreue in Betracht.

5 Dunkelfeld Imageschaden

Neben den bisher aufgezeigten wirtschaftlichen Konsequenzen für die Unternehmen und deren Vorstände, Geschäftsführer und sonstige Leitungspersonen tritt immer wieder ein Aspekt in den Vordergrund, dessen Auswirkungen sich in wirtschaftlicher Hinsicht nicht genau fassen lassen. Die Rede ist vom Imageschaden.

Das Problem negativer Publizität bei strafrechtlichen Ermittlungsverfahren ist sowohl in Juristenkreisen als auch in der Wirtschaft hinreichend bekannt, wird aber oft nicht zum Gegenstand der Diskussion gemacht. Zwar reden die Verantwortlichen im Unternehmen immer wieder davon, wie sich der drohende wirtschaftliche Schaden abwenden lässt. Vor allem bei mittelständischen Unternehmen wird aber häufig nicht oder zuwenig über einen möglichen Imageschaden gesprochen. Es scheint, dass viele Unternehmer förmlich Angst davor haben, medien- und pressewirksam in die Offensive zu gehen, obwohl sich ein solches Vorgehen oft zur Vermeidung weiterer Schäden empfiehlt.

Zugegeben, negative Publizität lässt sich vollständig nur schwer vermeiden. Kommt es zu Ermittlungen der Staatsanwaltschaft bzw. der Steuerfahndung, werden die Unternehmen in aller Regel nicht vorab von bevorstehenden Ermittlungsmaßnahmen informiert. Einerseits sieht die Strafprozessordnung eine solche Informationspflicht gegenüber Dritten nicht vor. Andererseits kommen Staatsanwälte auch gar nicht auf die Idee, Unternehmen, die sie durchsuchen wollen, vorab darüber zu informieren. Sie vermuten eine stete Gefährdung des Untersuchungszwecks und werden daher nur äußerst spärlich Informationen an Dritte herausgeben. In der Praxis heißt das, dass Unternehmen mit Staatsanwälten bzw. Steuerfahndern in der Regel erst konfrontiert werden, wenn diese regelrecht vor ihnen stehen.

Dies sieht dann oft so aus, dass – je nach Größe des Unternehmens –, eine mehr oder minder große Zahl an Ermittlern die Geschäftsräume des Unternehmens durchsucht und schließlich die beschlagnahmten Unterlagen und/oder Computer abtransportiert. Dauert die Durchsuchung länger an, kann es sein, dass trotz verhängter Telefonsperre und trotz des Bemühens der Beamten, das Unternehmen möglichst schnell wieder zu verlassen, Informationen nach außen dringen. Schnell stehen stets gut informierte Journalisten vor dem Unternehmen und berichten. Dies geschieht schneller, als man denkt, wie folgender Fall aus der Praxis zeigt:

Ein Mitarbeiter aus der Führungsetage ruft über sein Mobiltelefon seine Frau an, um ihr zu sagen, dass er einen Termin nicht einhalten kann, da er zur Zeit das Unternehmen nicht verlassen dürfe. Auf die Frage der Ehefrau nach dem Grund sagt er nur: Die Polizei ist im Haus. In Windeseile verbreitet sich nun die Nachricht in der Nachbarschaft und dringt zur Lokalpresse durch, die stets über gute Informationsmöglichkeiten verfügt. Binnen Minuten hat sich dann ein Pulk von Journalisten vor dem Firmengelände zusammengefunden, die medienwirksam berichten, wie Ermittler kistenweise beschlagnahmte Unterlagen aus dem Unternehmen heraustragen. Das Firmenlogo ist stets aussagekräftig im Hintergrund sichtbar.

Die Gefahren liegen auf der Hand. Selbst ein späterer Freispruch kann oft nicht verhindern, dass immer „etwas hängen bleibt“. Was der Allgemeinheit häufig leider nur im Gedächtnis bleibt, ist der Makel des Unternehmens, einmal mit dem Gesetz, mit der Staatsmacht in Konflikt geraten zu sein. Dieses negative Image ist vor allem im mittelständischen Bereich ein Problem. Denn wer will schon mit „so einem“ Geschäfte machen? Da werden Aufträge storniert, seit langer Zeit bestehende Geschäftsverbindungen abgebrochen. Der Umsatz stagniert oder geht sogar zurück. Dies kann Unternehmen in den Ruin treiben.

Aber auch bei Großunternehmen kann eine Straftat, vor allem, wenn sie mit einem vom Unternehmen vertriebenen Produkt zusammenhängt, verheerende Folgen haben. Zwar sind die klassischen Fälle strafrechtlicher Produkthaftung eher selten, dafür aber um so medienwirksamer und damit wirtschaftlich bedeutend. Dies haben etwa die Skandale in den vergangenen Jahrzehnten im Chemie- und Medizinbereich deutlich gezeigt.

Solange es also irgendwie möglich ist, sollte die Tatsache, dass im Unternehmen eine Straftat begangen wurde, oder sich Ermittler im Unternehmen befinden, geheim gehalten werden. Gleichzeitig ist jedoch eine entsprechende Vorbereitung nötig für den Fall, dass die Unternehmensleitung direkt von der Presse angesprochen wird. Dazu jedoch später mehr im Kapitel VIII.

Zudem empfiehlt es sich, Vorermittlungen intern zu führen. Dies kann durch die Einschaltung der unternehmenseigenen Compliance-Abteilung geschehen. Oftmals ist es jedoch ratsam, externe Ermittler hinzuzuziehen. Damit sind nicht die Staatsanwaltschaften gemeint. Die Rede ist vielmehr von Rechtsanwälten, Wirtschaftsprüfern und Steuerberatern, die sich mit der unternehmensinternen Ermittlung und der Schadensabwendung bzw. Schadenswiedergutmachung, den so genannten Forensic Services, beschäftigen. Aus unserer diesbezüglichen Praxis wissen wir, wie schwer sich manche Unternehmen damit tun, Externen Einblicke in die Unternehmensstruktur und -führung zu gewähren. Letztlich stellt sich jedoch oft heraus, dass durch den unbefangenen Blick von außen vieles ans Licht kommt, was der Blick durch die eigene Unternehmensbrille vielleicht nicht offenbart hätte. Dies ist vor allem bei Ermittlungen im Bereich der Korruption der Fall. Während der Unternehmer noch meint, dass es sich bei dem Verdacht gegen eine Person im Unternehmen um einen Einzelfall handelt, den er ohnehin schon kaum glauben kann, bringen die Ermittlungen der Anwälte und Wirtschaftsprüfer hervor, dass sich noch zahlreiche weitere Mitarbeiter auf Kosten des Unternehmens bereichert haben.

Überhaupt ist es bei Korruptionsfällen wichtig, das damit zunächst einmal verbundene negative Image durch eine entsprechend ausgerichtete Pressearbeit zu verbessern. So hat es etwa die Deutsche Bahn AG geschafft, innerhalb weniger Jahre zu einem Unternehmen zu werden, welches inzwischen eine Vorreiterstellung im Kampf gegen Korruption einnimmt. Die damit verbundene positive Publizität wirkt sich auch positiv auf die Auftrags- und damit auf die Ertragslage des Unternehmens aus.

Fazit

Die Begehung von Straftaten durch Mitarbeiter, Organmitglieder oder sonstige leitende Angestellte kann extreme Auswirkungen auf die wirtschaftliche und soziale Stellung des Unternehmens haben. Daher ist es wichtig, sich die aus strafrechtlicher Sicht problematischen Situationen zu verdeutlichen, um entsprechende Vorsorgemaßnahmen treffen bzw. auf bereits begangene Straftaten adäquat reagieren zu können. Mit diesen und anderen Fragen werden sich die folgenden Kapitel beschäftigen.

Schlaraffenland?

III Wo liegen die Risiken?

Unternehmerisches Handeln ist risikogeneigtes Handeln. Mit diesem prägnanten Satz lassen sich treffend die Schwierigkeiten skizzieren, die sich für Unternehmen bei wirtschaftlichen Entscheidungen ergeben können. Jeder Unternehmer kennt diesen Zwiespalt zwischen dem Verlustrisiko auf der einen und der Gewinnaussicht auf der anderen Seite. Wer eine wichtige Unternehmensentscheidung treffen muss, wird sich möglichst umfassend informieren, um Risiken und Unwägbarkeiten zu minimieren. Binnen Tagen sieht sich der Unternehmer mit einer Flut von Informationen konfrontiert. In dieser Lage die richtige Entscheidung zu treffen, erscheint oftmals unmöglich. Nicht umsonst sprechen Insider gerne davon, dass der Geschäftsleiter, in dessen beruflichem Leben sich rückblickend betrachtet mehr als die Hälfte seiner Entscheidungen als richtig herausgestellt haben, erst noch geboren werden müsse.

Die Unwägbarkeiten liegen nicht mehr nur im wirtschaftlichen Verlustrisiko begründet. Angesichts einer immer restriktiveren Rechtsprechung und einer einschränkenden Gesetzgebung werden Vorstände, Aufsichtsräte, Geschäftsführer und sonstige verantwortlich handelnde Personen immer wieder mit neuen Aspekten der unternehmerischen Praxis konfrontiert. Immer öfter muss sich der Unternehmer fragen, ob diese Transaktion oder jene Unternehmensdarstellung den rechtlichen Anforderungen genügt oder dem Unternehmen möglicherweise zivilrechtliche Haftungsrisiken drohen. Und häufig lautet die Frage: Ist das Geschäft auch aus strafrechtlicher Sicht in Ordnung?

Unternehmer, die diese Fragen stellen, haben schon einen Schritt in die richtige Richtung getan. Sie sind sich bewusst geworden, dass ihre Tätigkeit Risikopotenzial birgt, mit dem die Unternehmensjuristen bisher nur wenig zu tun hatten. Um mögliche strafrechtliche Haftungsrisiken besser zu erkennen oder ihnen vorzubeugen, ist es für Unternehmer dringend erforderlich, sich mit den Varianten strafrechtlicher Risikopotenziale intensiv auseinander zu setzen. Dies fällt nicht nur angesichts der Quantität straf- und ordnungsrechtlicher Regelungen schwer. Auch die tatsächlichen Gelegenheiten, durch die nahezu unbegrenzten Möglichkeiten unternehmerischer Praxis in Konflikt mit den Strafverfolgungsbehörden zu gelangen, sind kaum quantifizierbar. Möglich ist aber, einige charakteristische Bereiche des Unternehmensalltags herauszugreifen, um sie anhand von bekannten und weniger bekannten, aber nicht minder typischen Fällen aus der Praxis zu erläutern. Sie werden überrascht sein, wie schnell man unbeabsichtigt in die Mühlen der Strafjustiz gelangen kann.

1 Korruption im Unternehmen – Risiko Mitarbeiter

Das klassische Beispiel für die unverschuldete Berührung mit den Strafverfolgungsbehörden ist die Korruption im Unternehmen. Wer dabei nur an Stadtbauräte, Kunstbeauftragte oder andere Landes- bzw. Bundesbeamte denkt, der hat Recht und liegt trotzdem falsch. Bestechungen sind über Jahre hinweg aus strafrechtlicher Perspektive ein Phänomen des Zusammentreffens von Wirtschaftsunternehmen mit staatlichen Stellen gewesen und zwar immer dort, wo es galt, etwas von Seiten des Staates dem Bürger oder Unternehmen zu gewähren. Geradezu typisch ist Korruption im Bereich der Bauwirtschaft und für die Vergabe von Aufträgen des Staates an Private. Nach wie vor füllen solche Skandale die Zeitungen der Republik. Jüngstes Beispiel für den gutsherrenartigen Umgang mit den öffentlichen Kassen zum eigenen Vorteil sind die Vorfälle im so genannten Kölner Müllskandal.

Dennoch setzt sich auch in bundesrepublikanischen Amtsstuben eine Art „Best Governance" durch. Der Gesetzgeber hat der Korruption den Kampf angesagt. Dies zeigt sich etwa daran, dass immer mehr Landesgesetze zur Verbesserung der Korruptionsbekämpfung in öffentlichen Stellen verabschiedet werden. Verhaltensregeln und spezielle Schulungen für Mitarbeiter in öffentlichen Ämtern sollen für Bestechungsversuche sensibilisieren und richtiges Verhalten trainieren.

Diese Schritte und der neue Umgang mit der Privatwirtschaft sollte eigentlich auch für letztere eine Selbstverständlichkeit sein. Nur im Bereich der Korruptionsbekämpfung scheint sich diese Erkenntnis bisher nicht richtig durchgesetzt zu haben. Immer wieder treten Korruptionsfälle auf, welche die betroffenen Unternehmer ebenso schockieren wie die interessierte Öffentlichkeit. Und dennoch, trotz der Medienpräsenz beziffert das „Bundeslagebild Korruption 2004" anhand der Anspruchssumme, die im Zuge vermögensabschöpfender Maßnahmen von den Strafverfolgungsorganen gesichert wurde, den Schaden, der in Deutschland jährlich durch Korruption entsteht, auf circa 9,4 Milliarden Euro. Eine schier unglaubliche Summe. Aufgrund der relativ hohen Dunkelziffern dürfte der tatsächliche volkswirtschaftliche Schaden aber noch um ein Vielfaches höher liegen.

Um so dringlicher ist es, dass sich auch Unternehmen mit dem Dunkelfeld Korruption beschäftigen. Dies in zweierlei Hinsicht: So können im Unternehmen Schäden allein dadurch entstehen, dass Schmiergelder z. B. in Form überhöhter Einkaufspreise auf das Unternehmen umlegt werden. Es kann aber auch zu Pfändungen von Geschäftskonten kommen, wenn der unrechtmäßige Erlös aus der Straftat des Mitarbeiters dem →Verfall oder der →Rückgewinnhilfe unterliegt. Ein Unternehmen mit korrupten Mitarbeitern kann also aus mehreren Gründen Besuch von der Staatsanwaltschaft bekommen.

Unabhängig davon, ob die Korruption dem Unternehmen zunächst wirtschaftlich geschadet oder genützt hat, ist der Vertrauensschaden immens, wenn der Fall aufgedeckt wird. Dass Unternehmen heutzutage verstärkt Besuch von Staatsanwälten bekommen, liegt dabei nicht an der besonders hohen Aufdeckungsrate, sondern schlicht daran, dass bei Aufdeckung eines Korruptionsfalles auch Ermittlungen bei Drittunternehmen anlaufen, die möglicherweise weite Kreise ziehen können. Im Schnitt gehören zum Korruptionskreis mindestens drei bis sechs solcher Drittunternehmen. Die Aufdeckung eines Korruptionsfalls löst in der Regel eine Art Dominoeffekt aus. Die Anzahl der Steinchen, die umfallen, ist unterschiedlich groß. Dies hängt maßgeblich von der Dreistigkeit und Unvorsichtigkeit des korrupten Mitarbeiters ab, die erfahrungsgemäß im Laufe der Jahre zunimmt. Bei mittelständischen Unternehmen und Großunternehmen wissen in der Regel die Inhaber bzw. Vorgesetzten nichts von den korrupten Verhaltensweisen. Werden sie dann mit dem korrupten Mitarbeiter konfrontiert, dem sie einst absolut vertrauten, ist das Entsetzen nicht nur über den Vertrauensmissbrauch, sondern auch über den angerichteten wirtschaftlichen Schaden groß.

Dass trotz der weiterhin hohen Dunkelziffer inzwischen mehr Korruptionsfälle als früher, ja ganze Korruptionskarusselle, aufgedeckt werden, liegt vor allem daran, dass Vater Staat verstärkt Bestechung und Bestechlichkeit im Wirtschaftsverkehr bekämpft. Zwar existierte bereits früher § 12 des Gesetzes gegen den unlauteren Wettbewerb (UWG), der Bestechungen in der Wirtschaft sanktionierte. Dieser hatte aber kaum praktische Bedeutung. Um der Korruption im Wirtschaftsverkehr effektiv entgegen treten zu können, strich man den alten § 12 UWG ersatzlos und führte stattdessen mit den §§ 299 ff. des Strafgesetzbuches (StGB) eine reformierte Version der Altregelung ein. Allein die Tatsache, dass sich die Norm des § 299 StGB nun im Kernstrafrecht befindet und nicht erneut ihr Dasein im Nebenstrafrecht, in Form einer Regelung im UWG, fristet, zeigt, wie wichtig dem Gesetzgeber der Regelungsgegenstand ist.

Die Grundnorm der Bestechung und Bestechlichkeit im geschäftlichen Verkehr (§ 299 StGB) ist der Regelung über die Bestechung bzw. Bestechlichkeit bei Amtsträgern nach den §§ 332 und 334 StGB nachgebildet. Um nach § 299 StGB eine Bestechung im geschäftlichen Verkehr zu begehen, muss der Bestechende eine entsprechende Bestechungshandlung im Geschäftsverkehr zu Wettbewerbszwecken vornehmen. Dabei reicht es schon aus, dass der Bestechende der anderen Seite für die Gewährung eines Vorteils etwas verspricht. Zum tatsächlichen Austausch des versprochenen Vorteils muss es nicht kommen. Umgekehrt macht sich der Bestochene schon wegen Bestechlichkeit im geschäftlichen Verkehr strafbar, wenn er sich für die Gewährung einer Leistung, z. B. die Eingehung eines Vertrages, einen Vorteil versprechen lässt. Schon rein zeitlich gesehen umfasst § 299 StGB daher einen weiten Bereich wirtschaftlichen Handelns.

Kommt es dann zur Aufdeckung, machen die Betroffenen oft zu ihren Gunsten geltend, dass zwar eine entsprechende Vereinbarung bestanden habe, indes kein Mitbewerber benachteiligt wurde, da es entweder gar nicht öffentlich bekannt war, dass das Unternehmen einen Auftrag zu vergeben hatte oder es im nahen Umfeld ohnehin kein anderes Unternehmen gegeben habe, welches den Auftrag hätte ausführen können. Diese Argumente helfen dem Einzelnen jedoch nicht. Die Regelungen über die Bestechung und Bestechlichkeit im geschäftlichen Verkehr schützen zwar die Chancengleichheit der Mitbewerber. Allerdings kommt es nicht darauf an, ob tatsächlich ein Mitbewerber benachteiligt wurde, sondern nur darauf, dass es zu einer Benachteiligung hätte kommen können. Ausreichend ist die Beeinträchtigung potenziellen Wettbewerbs. Ebenso wenig hilft es, wenn der gewährte Vorteil nicht an die unmittelbar Beteiligten, sondern an einen Dritten fließt. Auch die Gewährung, das Versprechen bzw. die Entgegennahme und das sich Versprechen lassen solcher Drittvorteile ist gemäß § 299 StGB strafbar.

Von besonderer Bedeutung ist schließlich, dass § 299 StGB früher nur bedingt auf Auslandssachverhalte anzuwenden war. Gerade im außereuropäischen Ausland kommt es vor, dass ohne vorherige Zuwendung an private Dritte keine Aufträge bzw. Genehmigungen für Geschäftsvorhaben zu erlangen sind. Früher war es nicht möglich, diese Sachverhalte zu erfassen, weil § 299 StGB nur den inländischen Wettbewerb schützte. Diesen Unzulänglichkeiten ist der deutsche Gesetzgeber in Zeiten der Internationalisierung der Wirtschaft mit einer internationalisierten Norm entgegen getreten: § 299 Abs. 3 StGB. Danach ist eine Bestechung oder Bestechlichkeit im geschäftlichen Verkehr auch strafbar, wenn es sich um eine Unrechtsvereinbarung handelt, die sich auf das Ausland bezieht. Damit werden auch alle korrupten Verhaltensweisen im Zusammenhang mit Auslandsgeschäften in den Anwendungsbereich des § 299 StGB integriert, soweit die Tat – was heutzutage regelmäßig der Fall ist – auch im Ausland mit Strafe bedroht ist (vgl. § 7 Abs. 2 StGB).

Dass die Schäden, die den Unternehmen durch korrupte Mitarbeiter entstehen, nicht gering sind, ist bekannt. Dennoch rüsten sich Unternehmen nicht immer in ausreichendem Maße gegen die Mitnahmekultur zu ihren Lasten. In diesem Zusammenhang wird oft angeführt, man könne sich gegen korruptes Verhalten nur schwer schützen, da es zahlreiche Varianten korrupten Handelns gebe. Dies ist nur zum Teil zutreffend. Erfahrungsgemäß reduziert sich das korrupte Verhalten aber auf bestimmte, immer wiederkehrende Verhaltensweisen. Eine in Deutschland bisher in ihren tatsächlichen Auswirkungen nur wenig erforschte Verhaltensweise ist die so genannte Kick-back-Vereinbarung. Sie ist häufig dadurch gekennzeichnet, dass der Vertreter des einkaufenden Unternehmens bemerkt, dass der Vertreter des verkaufenden Unternehmens den Kaufgegenstand auch günstiger verkaufen würde. Dennoch besteht er auf dem höheren Preis, wobei er sich den Differenzbetrag zum wahren, d. h. angemessenen Preis als Schmiergeld auszahlen lässt.

Oft erfolgt die Finanzierung des Schmiergeldes durch eine Überbürdung auf das Unternehmen, in dem der Einkäufer arbeitet, so dass der Verkäufer normal kalkulieren kann. Ist der korrupte Einkäufer befugt, über den ihm anvertrauten Bereich des Vermögens seines Unternehmens selbständig zu verfügen, begeht er letzterem gegenüber eine Untreue. Weitaus schwieriger sind die Fälle zu beurteilen, in denen das Schmiergeld aus dem Vermögen des Verkäufers stammt. Ob hier eine Untreue auf Seiten des Bestochenen vorliegt, ist aus juristischer Sicht fraglich. Eine Untreue lässt sich nicht daraus herleiten, dass der Bestochene zivilrechtlich dazu verpflichtet ist, das Schmiergeld an das eigene Unternehmen abzuführen. In diesen Konstellationen lässt sich eine Untreue allein damit begründen, dass dem Unternehmen wirtschaftliche Chancen, so genannte vermögenswerte Expektanzen, entgangen sind, weil der bestechliche Mitarbeiter ein Unternehmen bevorzugt hat. Dazu reicht es aber nicht aus, dass womöglich bei anderen Unternehmen ein günstigerer Einkaufspreis hätte erzielt werden können. Für die Annahme einer Untreue ist vielmehr entscheidend, ob konkrete, für das Unternehmen wirtschaftlich günstigere Geschäfte hätten abgeschlossen werden können.

Viele weitere Varianten der Korruption sind denkbar. Hier liegen sowohl in wirtschaftlicher als auch in persönlicher Sicht für Unternehmer erhebliche Risiken. Sich gegen diese zu wappnen, ist eine der Hauptaufgaben moderner Unternehmensleitung.

2 Probleme bei der Unternehmensdarstellung – Immer schön ehrlich bleiben

Die Unternehmensdarstellung hat sich in den vergangenen Jahren zu einem „Renner" der staatsanwaltlichen Verfolgungspraxis entwickelt. Während die Strafverfolgungsbehörden es trotz entsprechender gesetzlicher Regelungen mit dem Argument, es handle sich um rein zivilrechtliche Bewertungsfragen, jahrelang versäumten, gegen unrichtige oder zwar richtige, aber die Wahrheit verschleiernde Unternehmensdarstellungen vorzugehen, hat sich das Blatt mit Niedergang des Neuen Marktes und dem Ende des Börsenbooms deutlich zu Ungunsten der Unternehmen gewendet. Obwohl bislang verlässliche Aussagen über die tatsächliche kriminalpolitische Bedeutung von Bilanzdelikten nur schwer möglich sind, weil diese weder in der polizeilichen Kriminalstatistik noch im „Bundeslagebild Wirtschaftskriminalität" gesondert aufgeführt sind, beweisen doch die jüngsten Strafverfahren, dass sich die Strafverfolgungsbehörden der Bedeutung dieser Delikte bewusst geworden sind. Dies zeigt sich auch an dem am 21. Dezember 2004 in Kraft getretenen Bilanzkontrollgesetz (BilKoG), mit dem der Gesetzgeber, nach dem Wortlaut der Gesetzesbegründung, nach den „Unternehmensskandale[n] in der Vergangenheit – verursacht durch Bilanzmanipulationen – ... das Vertrauen der Anleger in die Richtigkeit von Unternehmensabschlüssen und damit in den Kapitalmarkt" wiederherzustellen und nachhaltig zu stärken sucht.

Die Vorschriften des Bilanzstrafrechts sind, wie sollte man es anders erwarten, über zahlreiche Einzelgesetze verteilt. Um nur ein paar zu nennen: Die Grundnormen finden sich in den §§ 331 ff. des Handelsgesetzbuchs (HGB). Danach ist es unter Strafandrohung verboten, in Jahresabschlüssen oder vergleichbaren Darstellungen über die wirtschaftlichen Verhältnisse des Unternehmens bzw. des →Konzerns zu täuschen (§ 331 Abs. 1 Nr. 1 und 3 HGB). Für Aktiengesellschaften gilt zudem nach § 400 Abs. 1 Nr. 1 des Aktiengesetzes (AktG), dass die verantwortlichen Personen auch in sonstigen Darstellungen über den Vermögensgegenstand der Gesellschaft und in Vorträgen oder Auskünften auf der Hauptversammlung richtige

Angaben machen müssen. Da ferner Jahresabschlüsse – zumindest bei größeren Kapitalgesellschaften – ohne Abschlussprüfer nicht denkbar sind, normiert § 403 Abs. 1 AktG folgerichtig die Strafbarkeit der Verletzung der Berichtspflicht gegenüber dem Abschlussprüfer. Schließlich ist auch im Bereich der Umwandlungen Ehrlichkeit geboten. Spiegelbildlich zu den vorgenannten Regelungen stellt § 313 Abs. 1 Nr. 1 und Nr. 2 des Umwandlungsgesetzes (UmwG) die unrichtige Wiedergabe bzw. Verschleierung der Verhältnisse des Rechtsträgers in Darstellungen oder Übersichten über den Vermögensgegenstand oder in Vorträgen oder Auskünften auf der Hauptversammlung bzw. die Falschangabe gegenüber Prüfern bei Umwandlungen unter Strafe.

Darüber hinaus verbieten zahlreiche weitere Regelungen im HGB und im AktG, aber auch im GmbH-Gesetz (GmbHG), im Genossenschaftsgesetz (GenG) und im Publizitätsgesetz (PublizitätsG) verschiedene Möglichkeiten vorsätzlicher Falschangaben etwa bei Gründung oder Abwicklung der Gesellschaft oder bei der öffentlichen Ankündigung von Aktien und Kapitalerhöhungen. Kaum ein Bereich der Außenwirkung einer Gesellschaft wird nicht reglementiert und bei Fehlverhalten unter Strafe gestellt bzw. zumindest mit einem Bußgeld bedroht. Schon diese immense Regelungsdichte zeigt, wie wichtig dem Gesetzgeber die Transparenz und die Wahrheit der aktien-, handels- und gesellschaftsrechtlich relevanten Darstellungen sind. Dass konsequenterweise auch die Strafverfolgungsbehörden und die Rechtsprechung bei Verstößen gegen diese Normen keinen Spaß verstehen, zeigt das Urteil des 1. Strafsenats des Bundesgerichtshofs in Sachen „EM.TV". Was war passiert?

Die Brüder Thomas und Florian Haffa waren Vorstandsmitglieder der „EM.TV & Merchandising AG" (EM.TV). Mit Wirkung vom 12. Mai 2000 erwarb „EM.TV" 50 Prozent der Anteile an der „SLEC", einer Holding-Gesellschaft, die unter anderem sämtliche Rechte an der Formel 1 (Motorsport) bündelte. Am 24. August 2000 gab „EM.TV" im Rahmen einer →Ad-hoc-Meldung sowie in einer parallel dazu veröffentlichten Pressemitteilung die Konzern-Halbjahreszahlen erstmals einschließlich der Beteiligungen bekannt. Die Zahlen hinsichtlich der „SLEC" bezogen sich auf das gesamte erste Halbjahr 2000. Obwohl also „EM.TV" die Beteiligung an der „SLEC" erst zum 12. Mai 2000 erworben hatte, enthielten die angegebenen Umsatzzahlen auch den auf den Zeitraum vom 1. Januar 2000 bis zum 11. Mai 2000 entfallenden Umsatzanteil der „SLEC" in Höhe von 138,189 Millionen DM. Zudem enthielten die Umsatzzahlen für den Bereich „EM.TV" einen Betrag von 60 Millionen DM aus einem Lizenzvertrag zwischen „EM.TV“ und der „Junior GmbH & Co. KG“, der erst nach Ablauf des ersten Halbjahres 2000 geschlossen worden war.

Die auf die „SLEC“-Beteiligung entfallenden Beträge hätten nach dem HGB erst ab dem Erwerbszeitpunkt, also ab dem 12. Mai 2000, und die auf den Lizenzvertrag entfallenden Anteile überhaupt nicht in die Zahlen für das erste Halbjahr aufgenommen werden dürfen. Dies war – so die gerichtlichen Feststellungen – den Angeklagten auch bewusst gewesen. Ihnen war ferner auch klar gewesen, dass die Umsätze und Erträge für die Bewertung der Aktien der „EM.TV“ erheblich waren. Dennoch gaben sie die falschen Zahlen bekannt, um den Kurs der „EM.TV“-Aktien positiv zu beeinflussen.

Dass im Fall „EM.TV“ eine pflichtwidrige Übertretung der rechtlich erlaubten Bilanzierung vorliegt, steht außer Frage. Das Gesetz erlaubt es in § 301 Abs. 2 Satz 1 HGB ausdrücklich nur, den Wert einer Tochtergesellschaft „zum Zeitpunkt des Erwerbs“ in den Konzernabschluss einzubeziehen (Erstkonsolidierungszeitpunkt). Unternehmensgewinne vor diesem Zeitpunkt dürfen den Konzernabschluss nicht verändern. Dies ist einleuchtend. Warum aber führt ein vorsätzlicher Verstoß gegen diese Bilanzierungsvorschrift nun gleich zu einer Strafbarkeit und zieht nicht nur die Verpflichtung zur Bilanzänderung oder allenfalls einen zivilrechtlichen Schadensersatzanspruch nach sich? Der Grund liegt im Schutzgedanken des § 400 Abs. 1 Nr. 1 AktG: Im Vordergrund steht die Idee, es Personen, die ein Interesse an der Lage der Gesellschaft haben oder haben können, zu ermöglichen, sich sachlich zutreffend über die Gesellschaftsverhältnisse zu informieren. Schutzgut der Strafnorm ist deshalb das Vertrauen dieser Personen in die Richtigkeit von Darstellungen über den Vermögensstand der Gesellschaft.

So zutreffend der gesetzgeberische Schutzgedanke und die Zielrichtung der Strafnorm ist, so schwierig erweist sich die Einordnung von Bilanzierungsfehlern in strafrechtlicher Hinsicht außerhalb von solch eindeutigen Fällen wie eben der Entscheidung in Sachen „EM.TV“. Das Bilanzrecht kennt nur wenige eindeutige Regeln, die eine zweifelsfreie rechtliche Bewertung eines Bilanzierungsvorgangs erlauben. Das deutsche Bilanzrecht unternimmt in den §§ 238 ff. HGB den Versuch, durch abstrakt gehaltene Normen, die ihrerseits mit einer Vielzahl unbestimmter Rechtsbegriffe gespickt sind, Grund- und Spezialregeln für die Bilanzierung und Buchführung in Unternehmen aufzustellen. Dass jeder Kaufmann zu Beginn seines Handelsgewerbes und zum Schluss eines jeden Geschäftsjahres im

Rahmen des Jahresabschlusses ein Inventar und eine Bilanz zu erstellen hat (§§ 240, 242 Abs. 1 HGB), ist noch eine der eindeutigen Regelungen.

Die Probleme beginnen, wenn man in die Einzelfragen der Bilanzierung eintaucht. Dabei bereiten schon bzw. gerade die grundsätzlichen Fragen Schwierigkeiten: Bilanzen müssen nach dem Grundsatz der Bilanzwahrheit vollständig und richtig sein. Ein Prinzip der absoluten Wahrheit gibt es aber schon deshalb nicht, weil das Bilanzrecht sowohl in steuerlicher als auch in handelsrechtlicher Hinsicht Bilanzierungs- und Bewertungswahlrechte enthält. Welche Wahl ist aber richtig? Jedenfalls wohl die, welche den Grundsätzen der Wahrheit und Vorsicht bei der Bilanzierung Rechnung trägt. Nur, was ist die Wahrheit, und wie vorsichtig muss man sein?

Um im Strudel der zahlreichen Regelungen den Normanwender nicht zu sehr zu belasten, bleibt ihm bei der Ausübung der Wahlrechte ein breiter kaufmännischer Beurteilungsspielraum. Die Liste der Bilanzierungswahlrechte ist lang. So bestehen z. B. handelsrechtliche Wahlrechte im Rahmen des Ansatzes von Rücklageposten, Instandhaltungsrückstellungen, besonderer Aufwendungsrückstellungen, für das Disagio oder für die Aktivierung eines entgeltlich erworbenen Geschäfts- oder Firmenwertes. Im Steuerrecht wiederum existieren z. B. Wahlrechte bei Pensionsverpflichtungen, Rücklagen für Reinvestitionen, bei der Bildung einer Euroumrechnungsrücklage oder für die befristete Rücklage beim Erwerb von Betrieben, deren Fortbestand gefährdet ist.

Das Bilanzrecht bildet also seine eigenen Regeln und Begriffe. Entsprechend kann es bei derart diffizilen und komplexen Regelungen nicht die Aufgabe des Strafrechts sein, im Rahmen des strafrechtlichen Schutzes neue, eigenständige Begriffe zu bilden, indem man bestehende Wahlrechte mit einem weiten Ermessensspielraum zu Lasten des Rechtsanwenders restriktiviert. Der durch die Strafnormen der verschiedenen Wirtschaftsgesetze gewährleistete Strafrechtsschutz muss sich vielmehr an den Begrifflichkeiten und Wertungen seines Bezugsgegenstandes, hier des Bilanzrechts, orientieren. In diesem Sinne spricht man von der „Akzessorietät des Strafrechts“. Dabei ist ferner zu beachten, dass, wenn schon aus bilanzrechtlicher Sicht oft nicht eindeutig ist, ob eine bestimmte bilanzielle Behandlung noch den Grundsätzen ordnungsmäßiger Buchführung und Bilanzierung entspricht, bei strafrechtlichen Sanktionen angesichts der massiven Folgen für den Betroffenen Zurückhaltung geboten ist. Nicht jede möglicherweise vorsätzliche Übertretung von Bilanzierungsregeln darf zu einer Straftat führen. Das scharfe Schwert der strafrechtlichen Sanktion kann und darf nicht alle aus zivilrechtlicher, bilanzrechtlicher Sicht pflichtwidrigen Verhaltensweisen erfassen. Es kann nur letztes, aber nicht allumfassendes Mittel der Bekämpfung von (Wirtschafts-)Kriminalität sein (Ultima-ratio-Grundsatz).

Was bedeutet dies nun für den Unternehmer? Gerade wegen der begrifflichen Unschärfe der bilanzrechtlichen Regelungen beginnt der Bereich des strafbaren Verstoßes erst dort, wo der Unternehmer seinen Ermessensspielraum deutlich überschritten hat. Auch wenn man keine eindeutige Grenze ziehen kann, lässt sich umgekehrt jedenfalls feststellen, dass nicht jede zweifelhafte Bilanzierung zugleich den Straftatbestand eines Bilanzdelikts erfüllt. Daher können Wahl- oder Bewertungsrechte bis zur Grenze des rechtlich Vertretbaren ausgeschöpft werden. Dies dient nicht zuletzt dem Wohle des Unternehmens. Fraglich ist freilich, wo der Ermessensspielraum aufhört und der Bereich strafbewehrten Verhaltens beginnt. Feste Grenzen gibt es – wie fast überall in diesen Bereichen – leider nicht. Nach Ansicht der Rechtsprechung ist der Ermessensspielraum jedoch sicher dann überschritten, wenn der Bilanzierungsvorgang unter keinem erdenklichen Aspekt mehr nachvollziehbar ist. Dies war in Sachen „EM.TV“ eindeutig der Fall. Angesichts der Unsicherheit in Grenzbereichen sollte aber vor zu viel Optimismus gewarnt werden. In Zweifelsfragen gilt weiterhin: Lieber sicher als riskant bilanzieren und immer schön ehrlich bleiben.

3 Unternehmensführung – Mit Augenmaß durch schwere See

Ein Unternehmer hat nicht nur im Rahmen des Bilanzrechts weit reichende Entscheidungen zu treffen, sondern überall dort, wo er Chancen und Risiken sowohl in wirtschaftlicher als auch in rechtlicher Hinsicht gegeneinander abwägen muss. Ist ein bestimmtes Geschäft mit dem ausländischen Unternehmen zielführend? Welche wirtschaftlichen Risiken gehe ich für mein Unternehmen mit einem Geschäftsabschluss ein? Habe ich etwas Entscheidendes übersehen? Jeder Geschäftsleiter kennt diese Fragen. Zu sehr sorgen sollte er sich aber zunächst nicht. Denn bei der Entscheidung, welchen Weg er einschlagen will, steht ihm ein großer Spielraum zu.

Diesen Grundsatz hat der Bundesgerichtshof in seiner Entscheidung in Sachen „ARAG/Garmenbeck" im Jahre 1997 aufgestellt und erläutert. Der erkennende Senat betonte damals, „dass dem Vorstand bei der Leitung der Geschäfte des Gesellschaftsunternehmens ein weiter Entscheidungsspielraum zugebilligt werden muss, ohne den eine unternehmerische Tätigkeit schlechterdings nicht denkbar ist." Mit der Annahme des weiten Entscheidungsspielraums hat der Bundesgerichtshof die Regelung des § 93 Abs. 1 des Aktiengesetzes (AktG) konkretisiert, wonach der Vorstand der Aktiengesellschaft die Sorgfalt eines ordentlichen Geschäftsleiters anzuwenden hat. Für andere Gesellschaftsformen gelten vergleichbare Regelungen: So normiert etwa § 347 des Handelsgesetzbuches (HGB), dass bei Handelsgesellschaften der Unternehmensleiter die „Sorgfalt eines ordentlichen Kaufmanns" an den Tag zu legen hat. Gleiches gilt für den Geschäftsführer einer Gesellschaft mit beschränkter Haftung. Ihnen allen steht der in der Entscheidung in Sachen „ARAG/Garmenbeck" konstatierte weite Entscheidungsspielraum zu.

Unzweifelhaft schafft die Rechtsprechung damit eine gewisse Sicherheit für Unternehmensleiter. Fehlt ihrem Handeln nicht gänzlich die Sorgfalt, die ein ordentlicher Kaufmann, Geschäftsleiter oder Geschäftsführer in derselben Situation an den Tag gelegt hätte, muss man sich weder vor zivilrechtlichen noch vor strafrechtlichen Konsequenzen fürchten. Wohlgemerkt: Vorausgesetzt wird dabei selbstverständlich, dass bekannt ist, wann eine Entscheidung wider die Sorgfalt eines ordentlichen Geschäftsleiters getroffen wurde. Und genau hier beginnen die Grauzonen. Die Frage, die Unternehmer dann stets stellen, lautet: Wann genau habe ich meinen Ermessensspielraum überschritten. Die Antwort darauf kann – typisch juristisch – nur heißen: Das hängt davon ab.

Es gibt keine klaren Richtlinien oder eindeutigen Verhaltensanweisungen für unternehmerisches Handeln im Einzelfall. Je nach Geschäft, je nach Struktur der Transaktion und der sich daraus ableitenden Chancen und Risiken ist die Frage einer möglichen Überschreitung des Ermessensspielraums anders zu beantworten. Wenn man überhaupt von einer gültigen Regel sprechen kann, lautet diese: Je höher das Risiko, desto geringer der Spielraum! In diesem Sinne hat ein anderer Senat des Bundesgerichtshofs in einer Entscheidung aus dem Jahre 2005 geurteilt, dass der Ermessensspielraum jedenfalls dann nicht überschritten wurde, wenn aus Sicht des ordentlichen und gewissenhaften Geschäftsleiters das hohe Schadensrisiko zwar unabweisbar war, aber – kumulativ – keine vernünftigen wirtschaftlichen Gründe dafür bestanden, das erkannte Risiko dennoch nicht einzugehen.

Das heißt nun weder, dass Geschäftsleiter bei ihren unternehmerischen Entscheidungen notwendig in die zivil- bzw. strafrechtliche Haftungsfalle tappen, noch dass je nach erfolgreichem oder misslungenem Ausgang des risikoreichen Geschäfts die Haftungsfragen zu beurteilen wären. Ein Geschäftsleiter kann sich grundsätzlich nicht darauf berufen, deshalb nicht pflichtwidrig gehandelt zu haben, weil das Geschäft letztendlich zu seinen Gunsten ausgegangen ist. In diesen Fällen wird sich allerdings oftmals niemand finden, der das unternehmerische Verhalten im Nachhinein beanstandet, obwohl dies an der rechtlichen Einordnung des Verhaltens als pflichtwidriges Handeln freilich nichts ändert. Ist aber umgekehrt dem Unternehmen durch ein risikoreiches Geschäft ein immenser wirtschaftlicher Schaden entstanden, finden sich sofort etliche Kläger. Dies bedeutet aber ebenso noch lange nicht, dass der Unternehmensleiter auch wirklich pflichtwidrig gehandelt hat. Für die rechtliche Betrachtung ist allein entscheidend, ob zum Zeitpunkt der angeblich pflichtwidrigen Handlung vernünftigerweise nicht von einem Erfolg des Geschäfts ausgegangen werden konnte. Die alte Regel des „Hinterher ist man immer schlauer!“ muss der Geschäftsleiter nicht gegen sich gelten lassen.

In der Praxis lassen sich mögliche Fallstricke nur mit annähernder Sicherheit vermeiden, wenn z. B. der Geschäftsführer von der Gesellschafterversammlung detaillierte Anweisungen erhält, welche Art von risikobehafteten Geschäften er tätigen darf und von welchen er die Hände lassen soll. Solche Anweisungen sind deshalb von besonderer Relevanz, weil sich nur derjenige untreu verhalten kann, der seine Vermögensbetreuungspflichten verletzt. In diesem Zusammenhang kann der Treugeber dem Betreuungspflichtigen durchaus auch Geschäfte gestatten, die – objektiv betrachtet – nicht mit der Sorgfalt eines ordentlichen Geschäftsmanns bzw. Geschäftsleiters vereinbar wären. Aus strafrechtlicher Sicht fehlt solchen Transaktionen dann trotz des mit ihnen verbundenen Risikos, das bis zum wirtschaftlichen Totalverlust reichen kann, die für eine Bestrafung wegen Untreue notwendige Pflichtwidrigkeit. Unter Juristen ist in diesem Kontext von einem Einverständnis des Treugebers hinsichtlich der – dem Grunde nach – pflichtwidrigen Handlung des Betreuungspflichtigen die Rede.

Allerdings ist auch in diesen Fällen Vorsicht angebracht. Bei Aktiengesellschaften beispielsweise wird eine klare Abgrenzung des Spielraums für den Vorstand durch die Hauptversammlung kaum möglich sein. Überhaupt gilt: Je mehr Gesellschafter bzw. Aktionäre es gibt, desto weiter wird der Entscheidungsspielraum des Geschäftsführers bzw. Vorstands sein und desto weniger werden sich klar umrissene Vorgaben für risikobehaftete Geschäftstätigkeiten finden lassen. Und schließlich gibt es auch Fälle, in denen selbst bei einem ausdrücklich erklärten Einverständnis aller Gesellschafter bzw. bei einem einstimmigen Hauptversammlungsbeschluss ein pflichtwidriges und strafbares Verhalten vorliegen kann.

Die Rede ist von existenzvernichtenden bzw. -gefährdenden Eingriffen. In den Augen des Rechts gehört die Gesellschaft nicht allein ihren Inhabern. Sie führt auf gewisse Weise ein Eigenleben, ist Gesellschaft um ihrer selbst Willen. Insofern kann es dritte Parteien geben, die ein vitales Interesse an der Aufrechterhaltung der Gesellschaftstätigkeit haben. In der Regel handelt es sich dabei um die Gesellschaftsgläubiger. Aus diesem Grunde, zur Erhaltung der Gesellschaft als →juristische Person, garantiert das Recht – nach freilich bezweifelter Auffassung der obergerichtlichen Rechtsprechung – der Gesellschaft ein Existenzrecht. Konsequenterweise ist es daher weder den Gesellschaftern noch dem Geschäftsführer unter Zustimmung aller Gesellschafter außerhalb der rechtlich zulässigen Verfahren (→Liquidation, →Insolvenz) erlaubt, die Existenz der Gesellschaft zu vernichten oder zu gefährden.

Wann genau liegen solche existenzvernichtenden bzw. -gefährdenden Eingriffe in die Gesellschaftssubstanz vor? Wie so oft im Recht lässt sich dies nicht klar beantworten. Sicher ist jedenfalls, dass nicht jeder Managementfehler unter diese Kategorie fällt. Vielmehr muss das Verhalten der verantwortlichen Person auf eine planmäßige Minderung des Gesellschaftsvermögens ausgerichtet sein. Diese Voraussetzung kann beispielsweise durch Nichtgeltendmachung von Ansprüchen, bei der Annahme zu geringer Vergütung für die Übernahme von Kundenstämmen oder beim Entzug von Produktionseinrichtungen erfüllt sein. Führen solche Handlungen dazu, dass die Existenz der Gesellschaft durch das dann folgende Insolvenzverfahren gefährdet wird, löst dies nicht nur eine Haftung der verantwortlichen Personen in zivilrechtlicher Hinsicht aus. Auch im Rahmen einer strafrechtlichen Überprüfung besteht die Gefahr, dass ein →Ermittlungsverfahren wegen des Verdachts der Untreue eingeleitet wird.

Klassisches Beispiel für die strafrechtliche Haftung wegen Untreue bei existenzvernichtenden Eingriffen ist die Entscheidung des 5. Strafsenats des Bundesgerichtshofes in Sachen „Bremer Vulkan". Dort waren die ostdeutschen Tochtergesellschaften der Bremer Vulkan AG verpflichtet, hohe Beträge in den →Cash-Pool des Konzerns einzuzahlen. Als die Muttergesellschaft, die den Pool verwaltete, Insolvenz anmelden musste, war plötzlich keine ausreichende Kapitaldeckung mehr bei den Tochtergesellschaften vorhanden. Sie mussten ihrerseits Insolvenz anmelden.

Dieses Beispiel zeigt zudem zwei weitere wichtige Gesichtspunkte auf: Zunächst wird deutlich, dass die Gefahr besteht, durch alltägliche unternehmerische Entscheidungen – hier die Einrichtung eines →Cash-Pool-Systems – bei sich verschlechternder unternehmerischer Lage ins Visier der Staatsanwaltschaften zu gelangen. Ferner zeigt dieser Fall, dass in Konzernstrukturen auch Manager des Mutterunternehmens nicht davor gefeit sind, für Unternehmensinsolvenzen in beherrschten Tochtergesellschaften zur Verantwortung gezogen zu werden. Obwohl grundsätzlich davon ausgegangen werden kann, dass jeder Manager nur für sein Unternehmen zivil- und strafrechtliche Verantwortung trägt, greift sowohl die zivilrechtliche als auch die strafrechtliche Haftung der dahinter stehenden Personen ein, soweit diese auf wesentliche Entscheidungen des Tochterunternehmens Einfluss nehmen können. Eine solche Möglichkeit der Überleitung strafrechtlicher Verantwortung vom Tochterunternehmen auf die Vorstände des Mutterunternehmens besteht jedenfalls dort, wo zwischen zwei Unternehmen ein →Beherrschungsvertrag abgeschlossen wurde. Aber auch wenn entsprechende zivilrechtliche Vereinbarungen fehlen, kann eine Haftung bestehen, wenn die Voraussetzungen für die Annahme einer so genannten faktischen Geschäftsführung vorliegen. Diese sind gegeben, wenn eine Person, die nicht Mitglied des vertretungsberechtigten Organs der Tochtergesellschaft ist, sich als ein solches nach außen hin erkennbar geriert. Auch diesen zwar nicht formellen, so doch faktischen Geschäftsführer bzw. Geschäftsleiter trifft die volle zivil- und strafrechtliche Haftung.

Was bleibt abschließend zu sagen? Die Führung eines Unternehmens ist vergleichbar dem Steuern eines Schiffs durch leichte, aber eben auch durch schwere See. Manche Klippen lassen sich leicht umschiffen, manche schwerer, manche gar nicht, weil man sie zu spät sieht. Bewegen sich die Entscheidungen des Kapitäns aber im Rahmen des Vertretbaren, bewahrt er trotz aller Unwägbarkeiten die notwendige Ruhe, wird ihm selbst bei einer Havarie rechtlich gesehen nichts passieren. Daher muss ein Unternehmer vor allem Augenmaß haben, um sicher zum Wohle des Unternehmens und zum eigenen Wohle handeln zu können

4 Kapitalbeschaffung durch Kredite und Subventionen – Ein heikles Thema

Unternehmen benötigen, um überhaupt wirtschaftlich agieren zu können, vor allem eines: Kapital. Die Möglichkeiten der Kapitalaufbringung sind heute angesichts globaler Märkte und zahlreicher potenzieller Geldgeber schier unerschöpflich. Ein paar Möglichkeiten und Fallstricke sollen hier behandelt werden.

Klassische Kredite

Zu den wichtigsten Maßnahmen der Kapitalbeschaffung gehört heute weiterhin die klassische Kreditfinanzierung, die – vor allem in Bereich der Unternehmenskredite von Unternehmen an Unternehmen und von Kreditinstituten an Unternehmen – speziell durch die Strafnorm des § 265 b StGB geschützt wird. Danach wird bestraft, wer im Rahmen eines Antrags auf Gewährung, Belassung oder Veränderung der Bedingungen eines Kredits über seine wirtschaftlichen Verhältnisse falsche Erklärungen abgibt bzw. über für die Kreditentscheidung wesentliche Aspekte schweigt. Zur Gewährung des Kredits bzw. zu dessen Auszahlung muss es nicht gekommen sein. Der Schutz der Strafnorm des § 265 b StGB setzt bereits früher an. Zum Schutze des Vermögens der Kreditgeber werden schon die im Vorfeld der Kreditvergabe wesentlichen falschen bzw. irreführenden Angaben mit Strafe bedroht. Daher handelt es sich bei § 265 b StGB um ein so genanntes abstraktes Gefährdungsdelikt. Wer sich also um einen Kredit bewirbt, muss dies offen und ehrlich tun, da die Strafbarkeit schon dann eintritt, wenn unvollständige Erklärungen abgegeben werden und der Erklärende die Unvollständigkeit zumindest billigend in Kauf nimmt.

Unvollständigkeit liegt in diesem Kontext im Übrigen bereits dann vor, wenn die eingereichten Unterlagen die wirtschaftlichen Verhältnisse des Unternehmens nicht ausreichend erkennen lassen. Daher sollte im Rahmen von Kreditanträgen darauf geachtet werden,

- dass Bilanzen – vom Blickwinkel eines bilanzkundigen Lesers aus betrachtet – nach den Grundsätzen ordnungsmäßiger Buchführung und Bilanzierung erstellt wurden,

- dass, sollten für die Kreditvergabe wesentliche Punkte erst im Laufe der Kreditverhandlungen erkannt werden, zu diesen nicht geschwiegen wird, und schließlich,

- dass auch in Fällen von Zweifeln über die Erheblichkeit oder Unrichtigkeit bestimmter Angaben im Zweifel lieber ein klarstellender Hinweis erfolgen sollte, um später Missverständnisse bei der Kreditvergabe bzw. die Rückforderung des Kredits zu vermeiden.

Im Übrigen ist darauf zu achten, dass sämtliche Unterlagen, die eingereicht werden, zutreffend, d. h. richtig sind. Dies ist vor allem deshalb wichtig, weil es letzten Endes nicht darauf ankommt, ob die eingereichten Unterlagen wirklich auch in die Entscheidungsfindung des Kreditgebers eingegangen sind. Entscheidend ist allein, dass die Unterlagen grundsätzlich entscheidungsrelevant sein könnten. Hier liegt naturgemäß ein erhebliches Gefährdungspotenzial für die Praxis. Oft werden sich Unternehmer nicht darüber im Klaren sein, welche Informationen im Laufe eines Kreditvergabeverfahrens von erheblicher Bedeutung sind bzw. sein können. Hier gelten zwei einfache Regeln:

- Lieber zu viel offenbaren als zu wenig.

- Vorab mit der kreditgebenden Bank über die notwendigen Unterlagen sprechen.

Insbesondere die Kommunikation über den Kreditgegenstand und die für die Kreditvergabe notwendigen Informationen können helfen, kritische Situationen zu vermeiden. Wichtig ist dabei, alle Gespräche entsprechend zu dokumentieren. Sollte es dann wirklich einmal zu Untersuchungen durch die Staatsanwaltschaft kommen, lässt sich jedenfalls lückenlos nachvollziehen, welche Unterlagen erforderlich waren und auf welche verzichtet worden ist. Der Tatbestand des Kreditbetrugs nach § 265 b StGB dürfte dann kaum noch konsistent konstruierbar sein.

Für Unternehmen, die im Bereich Forschung und Entwicklung tätig sind, eröffnen sich in der Regel ganz andere Finanzierungsmöglichkeiten. Sie können oftmals mit staatlichen Zuschüssen in Form von Subventionen rechnen. Die Möglichkeiten dafür sind fast unerschöpflich. Allein in Deutschland fördert der Staat die Forschung und Entwicklung mit unzähligen Förderprogrammen. Hinzu kommen die zahlreichen europäischen Fördertöpfe. Die Missbrauchsgefahr ist jedoch beträchtlich, da sich die Kontrolle über die Verwendung der vergebenen Mittel äußerst problematisch gestaltet. Die Zahlen zu den Schadenssummen schwanken extrem. Während einige die Gesamtschadenssumme durch unberechtigt erhaltene oder fehlverwendete Subventionen auf nationaler und EU-Ebene auf insgesamt circa 9,6 Milliarden Euro pro Jahr beziffern, sprechen andere allein bezogen auf die nationalen Transferleistungen in die neuen Bundesländer von einem Schaden von etwa sieben Prozent der gesamten jährlichen Transferleistungen, also ebenfalls etwa von neun Milliarden Euro pro Jahr seit 1991. Der Europäische Rechnungshof wiederum hat bezogen auf europäische Subventionen und auf das Haushaltsjahr 2000 seinerseits eine Schadenssumme von etwa fünf Milliarden Euro ermittelt, was etwa sechs Prozent des europäischen Haushaltsvolumens entspricht. Die europäische Betrugsbekämpfungsbehörde, OLAF, geht demgegenüber von einem Schaden von rund 1,4 Prozent des Gemeinschaftshaushalts aus.

Angesichts dieser Summen verwundert es nicht, dass sowohl die nationalen als auch die europäischen Behörden verstärkt gegen den Missbrauch von Subventionsleistungen vorgehen. Der Gesetzgeber hat die dafür notwendigen Voraussetzungen bereits 1976 mit der Einführung des Straftatbestandes des Subventionsbetruges nach § 264 StGB im Rahmen des Ersten Gesetzes zur Bekämpfung der Wirtschaftskriminalität geschaffen. Danach wird mit Freiheitsstrafe von bis zu fünf Jahren oder mit Geldstrafe bestraft, wer den Subventionsgeber – also das Land, den Bund oder die auf europäischer Ebene zuständige Stelle – über subventionserhebliche Tatsachen täuscht oder diese verschweigt. Was nun subventionserheblich ist, bestimmen in erster Linie die Vorschriften, die der Subventionsgewährung zu Grunde liegen. Der Subventionsgeber wird also in den entsprechenden Rechtsvorschriften über die Subventionsvergabe genau bezeichnen, welche Tatsachen er für die Vergabe der jeweiligen Subvention für erheblich hält.

Daher gilt: Erhält ein möglicher Subventionsempfänger von der Behörde bzw. der zwischengeschalteten Vergabegesellschaft einen großen Stapel Papier mit Vorschriften, sollte er sich diese genau ansehen, um später beim Ausfüllen des Subventionsantrags keine Fehler zu machen. Denn fällt bei der vorgeschriebenen Verwendungsprüfung oder bei sonstigen Anlässen zufällig auf, dass bestimmte Angaben zum Zeitpunkt der Antragstellung nicht stimmten bzw. sich im Laufe der Jahre bestimmte subventionserhebliche Fakten verändert haben, ohne dass dies der zuständigen Stelle mitgeteilt wurde, wird der Subventionsgeber äußerst kritisch nachfragen. Kann dann keine ausreichende Antwort gegeben werden, ist der Subventionsgeber nach § 6 des Subventionsgesetzes verpflichtet, bei der Staatsanwaltschaft Anzeige wegen des Verdachts des Subventionsbetrugs zu erstatten.

Ist dieser Schritt erst einmal getan, gibt es in der Regel kein Halten mehr. Die Staatsanwaltschaft leitet in den meisten Fällen ein Ermittlungsverfahren ein. Öffentlichkeitswirksame Durchsuchungen beim Unternehmen und – möglicherweise – spätere, ebenfalls öffentliche Hauptverhandlungstermine bei Gericht sind die Folge. Wer nun meint, dies könne man noch verkraften, mehr kommt sicherlich nicht auf mich zu, der sieht sich getäuscht. Gleichzeitig erlässt die Vergabebehörde einen Rücknahmebescheid, in dem sie die Subvention in voller Höhe zuzüglich fünf Prozent Zinsen über dem Basiszinssatz jährlich zurückfordert. Ein Widerspruch gegen den Rücknahmebescheid scheitert meist. Dann bleibt nur noch die Anfechtungsklage vor dem Verwaltungsgericht, die aber ebenfalls erfolglos bleiben dürfte. Abgesehen von eklatanten Mängeln im Rücknahmebescheid weisen die Gerichte solche Klagen regelmäßig als unbegründet ab.

Angesichts der immensen Prozesskosten sollte man sich daher vorher überlegen, ob nicht nach Erlass des Rücknahmebescheides – am besten sogar vor Erlass des Bescheids – noch im Widerspruchsverfahren eine Verständigung mit der Behörde möglich ist. Die Erfahrung zeigt, dass die zuständigen Stellen zwar an der Rückforderung ungerechtfertigt erlangter staatlicher Zuwendungen besonders interessiert sind. Die Behörden haben aber in der Regel kein Interesse daran, Zuwendungsempfänger, die nur aus Unachtsamkeit Fehler im Antrag gemacht haben, in den wirtschaftlichen Ruin zu treiben. Derartige Rückforderungen stellen vor allem kleine und mittelständische Unternehmen sonst vor eine immense wirtschaftliche Herausforderung, die nicht selten mit dem Insolvenzantrag endet.

Aber in § 264 StGB lauert noch eine andere Gefahr. Nicht nur Fehlangaben bei Antragstellung können Ermittlungsverfahren und Rücknahmebescheide auslösen. Auch die fehlgeleitete, zweckwidrige Verwendung von Fördergeldern fällt unter den Straftatbestand. Das Problem liegt wie so oft im Detail. Zunächst gilt: Die Subventionsbescheide sind gewissenhaft zu lesen. Dort normiert der Subventionsgeber detailliert, wie und auf welche Weise die Gelder zu verwenden sind. Daraus folgt: Man sollte sich wortlautgetreu an die Verwendungsbeschränkungen halten. Denn schon bei geringen Abweichungen liegt eine Fehlverwendung im Sinne des Gesetzes vor. Das Resultat: Strafverfahren und Rücknahmebescheid.

Die Strafbarkeit wegen Nichteinhaltung von Verwendungsbeschränkungen bedroht vor allem kleine und mittelständische Unternehmen (KMU) oder solche, die – mit mehr oder minder ausreichender Finanzgrundlage – gerade erst auf den Markt gekommen sind. Oftmals geraten diese Unternehmen zunächst in eine bedrohliche wirtschaftliche Schieflage, sei es, dass Kunden nicht oder nur verspätet zahlen, sei es, dass Kredite nur schwer zu Stande kommen. Die Erfahrung lehrt, dass Unternehmen in diesen Fällen häufig mehr oder minder hohe Subventionsbeträge abzweigen, um kurzfristig finanzielle Löcher zu stopfen.

Die Argumentationskette lautet dann in der Regel wie folgt: „Wenn ich die 200.000 Euro nicht fürs Unternehmen verwendet hätte, wäre es vorbei gewesen mit der Forschung und dann wären auch alle vorherigen Fördergelder in den Sand gesetzt worden." Was auf den ersten Blick logisch klingt, lässt freilich das Gesetz nicht gelten. Und das aus gutem Grund. Die Vergabe von Subventionen für Forschungs- und Entwicklungsvorhaben deckt nur einen Teil des wirtschaftlichen Gesamtaufwands ab. So werden Personalkosten z. B. oft nur mit 65 Prozent der Gesamtpersonalkosten gefördert. Die fehlenden Beträge muss das Unternehmen selbst aufbringen. Dafür benötigt es eine entsprechende Kapitaldecke, die es entweder eigen- oder fremdfinanziert schaffen kann. Anders ausgedrückt: Um überhaupt in den Genuss der Förderung zu gelangen, muss eine gewisse finanzielle Sicherheit vorhanden sein. Möglicherweise auftretende finanzielle Ausfälle sind einzukalkulieren. Hier liegt die Gefahr einseitiger Wirtschaftsförderung, die der Staat bewusst eingeht. Sie berechtigt umgekehrt die Unternehmen nicht, sich auf Staatskosten am Leben zu erhalten.

Abschließend noch ein paar Anmerkungen zum Thema „Subventionen und Großunternehmen". Es stimmt schon: In aller Regel haben vor allem die kleinen und mittelständischen Unternehmen mit den Tücken des Subventionsrechts zu kämpfen. Großunternehmen beschäftigen in der Regel größere Beraterstäbe, die entsprechende Anträge detailliert und akribisch vorbereiten. Doch gilt – in Abwandlung einer alten Strafrechtsweisheit – auch hier: Größe schützt vor Strafe nicht. Zwar wird bei Fehlern im Rahmen der Antragstellung kaum anzunehmen sein, dass angesichts des immensen Aufwandes bei der Vorbereitung des Antrags vorsätzlich falsche Angaben gemacht wurden. Andererseits setzt eine Bestrafung wegen Subventionsbetrugs nicht immer Vorsatz voraus. Nach § 264 Abs. 4 StGB macht sich ebenfalls strafbar, wer leichtfertig, d. h. grob fahrlässig, falsche Angaben macht, es unterlässt, den Subventionsgeber über wesentliche Tatsachen aufzuklären oder Gelder entgegen bestehender Verwendungsbeschränkungen nutzt. So mag das Großunternehmen trotz einer eigenen Subventionsabteilung die Subventionserheblichkeit einer Tatsache trotz Kennzeichnung in der zu Grunde liegenden Richtlinie übersehen haben. Ob dann noch einfache, d. h. im Rahmen des § 264 StGB straflose →Fahrlässigkeit vorliegt oder grobe, d. h. strafbare Fahrlässigkeit, ist Tatfrage und nur schwer vorhersehbar. Im Zweifel wird dies der Richter festzustellen haben. Das heißt aber, dass es zu einer öffentlichen Hauptverhandlung kommt, die vor allem Großunternehmen nicht wollen. Denn sie wissen: Wer einmal vor Gericht angeklagt wurde, trägt das Stigma des möglichen Straftäters. Hier gilt es frühzeitig unter Einschaltung der Strafverteidiger die Staatsanwaltschaft davon zu überzeugen, dass der Fehler nicht auf grobe Fahrlässigkeit zurückzuführen ist.

Neue Finanzierung: Mezzanine-Programme, Inhaberteilschuldverschreibungen etc.

Neben den klassischen Krediten und den Subventionen ist in jüngster Zeit eine dritte Art der Kapitalbeschaffung in Mode gekommen. Immer mehr mittelständische Unternehmen versuchen, durch die Ausgabe von Wertpapieren Kapital zu generieren, um so weitere, notwendige Investitionen tätigen zu können.

Einerseits geschieht dies neuerdings häufig durch Mezzanine-Finanzierungen. Der Terminus „Mezzanine-Finanzierungen“ (aus der Architektur; italienisch für Zwischengeschoss) beschreibt als Sammelbegriff eine Mischform zwischen Eigen- und Fremdkapital. Klassischerweise wird einem Unternehmen Eigenkapital zugeführt, ohne den Kapitalgebern Stimm- oder Einflussnahmerechte zu gewähren, wie dies bei echten Neu-Gesellschaftern der Fall wäre. Mezzanine-Kapital kann dabei entweder eigenkapitalähnlich (Equity Mezzanine), z. B. in Form von Genussrechten, wertpapierverbrieften Genussscheinen oder stillen Beteiligungen begeben werden. Oder das Mezzanine-Kapital wird in Form von Darlehen bzw. Gesellschafterdarlehen gewährt. In dieser Form besitzt es Fremdkapitalcharakter und ist daher in aller Regel – Einzelheiten sind wie immer umstritten – bilanziell als Verbindlichkeit zu erfassen (Debt Mezzanine). Auf Grund einer weniger ausgeprägten gesetzlichen Regulierung sind unternehmensangepasste, flexible Finanzierungslösungen möglich. Andererseits sind in diesem Kontext etwa Fußballvereine – wie etwa Hertha BSC Berlin oder der 1. FC Köln – dazu übergegangen, Anleihen zu begeben, um ebenfalls zusätzliches Investitionsvolumen zu erlangen. Hertha BSC Berlin etwa hat eine Inhaberteilschuldverschreibung emittiert.

Nun sind sowohl Genussscheine als auch Inhaberteilschuldverschreibungen Wertpapiere und fallen daher unter die strengen Voraussetzungen des § 264 a StGB, der den Kapitalanlagebetrug unter Strafe stellt. Diese Wertpapiere unterliegen zudem der Prospekthaftung und der Genehmigung durch die zuständige Behörde, die Bundesanstalt für Finanzdienstleistungsaufsicht (BaFin). Diese prüft, ob die Verkaufsprospekte den rechtlichen Anforderungen genügen.

Wer nun glaubt, damit sei ja die rechtliche Konformität der Wertpapiere hinreichend gesichert und eine mögliche Strafbarkeit wegen Kapitalanlagebetrugs ausgeschlossen, der täuscht sich. Der Teufel liegt auch hier im Detail. Nach § 264 a StGB macht sich strafbar, wer im Zuge des Vertriebs von Wertpapieren in den entsprechenden Prospekten über Umstände unrichtige Angaben macht bzw. Umstände verschweigt, die für die Entscheidung über den Erwerb oder Verkauf der Wertpapiere erheblich sind. Diese Erheblichkeit bestimmt sich nun nicht nach dem individuellen Kunden, der die Wertpapiere tatsächlich kauft, sondern nach dem Urteil eines verständigen, durchschnittlich vorsichtigen Anlegers im Hinblick auf das jeweils konkrete Anlageangebot. Die damit bestehenden Probleme liegen auf der Hand. Bei der Bestimmung, was nun für das konkrete Wertpapier erhebliche Umstände sind, kann sich die Meinung des Emittenten erheblich von der des angenommenen verständigen, durchschnittlich vorsichtigen Anlegers unterscheiden.

Die schwierigen Einzelfragen werden nun gerade nicht durch die BaFin geprüft. Sie kontrolliert nur, ob die Mindestvoraussetzungen für die Emission nach dem Wertpapierprospektgesetz (WpPG) erfüllt sind. Diese Mindestvoraussetzungen sind zwar in aller Regel erheblich für die Anlagefrage. Indes gibt es eine Vielzahl weiterer bedeutsamer Faktoren – wie z. B. die prognostizierte Wertentwicklung oder die vorzugswürdige Bedienung bestimmter Zeichner – die nicht der Prüfung durch die BaFin unterliegen. Daher sollte auf die präzise Erstellung des Emissionsprospekts sehr viel Wert gelegt werden, um nicht durch Weglassen von vermeintlich irrelevanten Informationen in den Verdacht zu geraten, einen Kapitalanlagebetrug begangen zu haben.

Fazit

Bei der Kapitalbeschaffung durch Kredite und Subventionen oder durch neuartige Finanzierungsarten ist Wert auf das Detail zu legen, will man nicht die Rücknahme der Finanzierung riskieren. Hier ist in Zweifelsfragen rechtzeitig der Rat der eigenen Rechtsabteilung oder Dritter zu suchen. Emissionsprospekte sollten mit sehr viel Sorgfalt erstellt werden, um nicht durch Weglassen von vermeintlich irrelevanten Informationen in den Verdacht zu geraten, einen Kapitalanlagebetrug begangen zu haben.

5 Hantieren an der Börse

Beliebtes Mittel für die Kapitalbeschaffung ist auch der Unternehmenskauf bzw. der Erwerb von Geschäftsanteilen an einem anderen Unternehmen von Dritten. Im Zuge des Unternehmenskaufs (M & A) ist es üblich, eine →Due diligence durchzuführen. Dabei kann insbesondere der Käufer in Schwierigkeiten geraten, wenn es sich um den Kauf von Gesellschaftsanteilen an einer Aktiengesellschaft handelt, die börsennotiert ist. Für diese Fälle sind die Vorschriften des Wertpapierhandelsgesetzes (WpHG) zu beachten. Dieses verbietet die unerlaubte Nutzung von Insiderinformationen. Damit sind alle Tatsachen gemeint,

- die nicht öffentlich sind,
- die sich auf den Emittenten bzw. auf das Wertpapier beziehen und
- die, wenn sie öffentlich bekannt werden, geeignet sind, den Kurs des Wertpapiers erheblich zu beeinflussen.

Unabhängig von den einzelnen Abgrenzungsproblemen, z. B. wann Tatsachen geeignet sind, den Kurs eines Wertpapiers erheblich zu beeinflussen, ist bei vertraulichen Informationen immer Vorsicht geboten. § 14 Abs. 1 WpHG verbietet nämlich in einer Art rechtlichen Rundumschlags nahezu jede Verwendung bzw. Weitergabe solcher Informationen, wenn sie nicht bereits öffentlich bekannt geworden sind. § 14 Abs. 1 WpHG qualifiziert in diesem Zusammenhang als verbotenen Insiderhandel

- die Verwendung von Insiderinformationen bei Erwerb oder Veräußerung von Wertpapieren,
- die unbefugte Mitteilung oder das unbefugte Zugänglichmachen solcher Informationen und
- die Empfehlung an Dritte auf Grund der Kenntnis von Insiderinformationen.

Dabei unterscheidet das Gesetz nicht, ob es sich bei dem Verwender, dem Mitteilenden oder dem Empfehlenden um ein Organmitglied, einen Manager der mittleren Ebene, den Vorstandschauffeur oder die Reinigungskraft handelt. Die vormalige Unterscheidung zwischen Primärinsider einerseits und Sekundärinsider andererseits – je nach Nähe zur Informationsquelle – ist vom Gesetzgeber aufgegeben worden und lediglich noch im Rahmen der Einordnung des Verhaltens als Straftat bzw. als Ordnungswidrigkeit von Bedeutung.

Es liegt auf der Hand, dass gerade im Rahmen von Unternehmenskäufen erhebliche Abgrenzungsprobleme auftreten können. Führt der Kaufinteressent mit Zustimmung der Zielgesellschaft bei dieser eine Due diligence durch, wird er in der Regel Insiderwissen erlangen. Schließlich erhält er Einblicke in Abläufe, die das vertretungsberechtigte Organ der Zielgesellschaft sonst nie freiwillig gewährt hätte. Lässt der Kaufinteressent die Insiderinformationen in seinen Kaufentschluss einfließen, was regelmäßig der Fall sein wird, stellt sich die Frage, ob er damit die rechtmäßig erlangten Insiderinformationen in dann rechtswidriger Art und Weise verwendet. Dem Wortlaut nach hätte man eigentlich kein Problem, den späteren Kauf der Anteile der Zielgesellschaft als verbotenen Insiderhandel zu werten. Die BaFin weist nun ihrerseits in ihrem Mitte 2005 veröffentlichten Emittentenleitfaden darauf hin, dass die Grenze zum Verbot des Insiderhandels in diesen Fällen jedenfalls dann sicher überschritten ist, wenn mehr Anteile erworben werden als zunächst geplant. Will heißen: Steht die Größe des zu erwerbenden Aktienpakets bei Durchführung der Due diligence bereits fest, darf sie nur nach Bekanntgabe der entsprechenden Information verändert werden. Erst dann ist die so genannte Bereichsöffentlichkeit hergestellt, welche der Information die Qualität als Insiderinformation nimmt. Allerdings wird man über die Größe des Pakets oft eben erst nach einer Due diligence Klarheit haben bzw. Einigkeit erzielen. Zudem: Wie sind in diesem Zusammenhang andere Änderungen zu bewerten, wenn also z. B. über den Kaufpreis neu verhandelt wird? Sollen hier andere Anforderungen gelten? Dazu und zu anderen Problemen schweigt der Leitfaden der BaFin.

Um einer drohenden Strafbarkeit zu entgehen, muss der Kaufinteressent nachweisen, dass die während der Due diligence erlangten Insiderinformationen am Rahmen seines Kaufentschlusses nichts geändert haben. Dies lässt sich gerichtsfest nur durch hinreichende Dokumentation des Erwerbsvorgangs beweisen. Daher ist bei Unternehmenskäufen in Zukunft verstärkt auf eine entsprechend lückenlose und an die Erfordernisse des § 14 WpHG angepasste Dokumentation zu achten.

Ein weiteres Problem ist der Begriff der Insiderinformation selbst. Mit Verwendung des Begriffs der „Information“ statt des Terminus „Tatsache“ und der gleichzeitigen Einbeziehung auch solcher Umstände, die in Zukunft wahrscheinlich eintreten werden, erfährt der Anwendungsbereich des Insiderhandelverbots durch die damit einhergehende mögliche Einbeziehung von Gerüchten eine immense Ausweitung. Zwar haben europäische und nationale Gesetzgeber einer solchen Ausweitung richtigerweise widersprochen. So schließt z. B. die Gesetzesbegründung der Bundesregierung zum Anlegerschutzverbesserungsgesetz (AnSVG) Gerüchte ausdrücklich aus dem Anwendungsbereich des § 14 WpHG aus. Der Leitfaden der BaFin sieht dies freilich anders. Er hält auch ein Gerücht für tauglich, Insiderinformation zu sein, wenn der Eintritt der im Gerücht enthaltenen Information hinreichend wahrscheinlich ist. Mit dieser Umschreibung wird indes nur der Gesetzeswortlaut wiedergegeben. Mit der Divergenz zwischen Gesetzesbegründung einerseits und Emittentenleitfaden andererseits wird die rechtssichere Abgrenzung zwischen straflosem Börsentratsch und möglicherweise strafbaren Gerüchten zunehmend schwer fallen. Ob dies zu einer Ausweitung von Strafverfahren am Kapitalmarkt führen wird, ist bisher nicht absehbar. Die bestehenden Gefahrenpotenziale für die Transaktionspraxis lassen sich jedenfalls nicht leugnen. Bekanntlich sind Gerichte zudem nicht an Schreiben der Verwaltung gebunden. Die vermeintliche Sicherheit des Leitfadens kann sich also durchaus gegen die Emittenten wenden. Damit bleibt leider vieles beim Alten. Der Rat kann daher nur lauten: Vorsicht bei Transaktionen am Kapitalmarkt.

6 Steuergestaltungen – Bitte nicht auf Kante nähen!

Neben der Staatsanwaltschaft gibt es noch eine weitere Behörde, mit der sowohl Privatleute als auch Unternehmen zunehmend in Kontakt geraten: die Steuerfahndung. Oftmals resultieren deren Besuche aus einer vorangegangenen Betriebsprüfung beim Unternehmen. Regelmäßig führen die Finanzämter für (Groß-)Betriebsprüfungen Außenprüfungen bei den Unternehmen durch. Diese können sich je nach Größe des zu prüfenden Betriebs Monate bzw. Jahre hinziehen. Tauchen bei steuerlichen Gestaltungen Zweifel auf, wird der Betriebsprüfer zunächst den Steuerpflichtigen auffordern, weitere Unterlagen beizubringen bzw. die wirtschaftlichen Beweggründe der Gestaltung näher zu erläutern. Aus strafrechtlicher Sicht ist dabei insofern zunächst Entwarnung zu geben, als Betriebsprüfer regelmäßig über bestimmte Gestaltungen stolpern und beim Steuerpflichtigen nachfragen werden. Kritisch wird die Lage aber, wenn sich die Fronten im Verlauf der Klärung verhärten. Grundsätzlich gilt daher: Auf die Forderung nach Unterlagen durch die Betriebsprüfung ist unbedingt einzugehen. Querelen sind dabei möglichst zu vermeiden.

Das Problem ist die gesetzlich normierte Mitwirkungspflicht des Steuerpflichtigen. Wird das Unternehmen geprüft, muss es alle notwendigen, steuererheblichen Unterlagen beibringen und umfassend Auskunft geben. Diese Auskunftspflicht wird bei Auslandssachverhalten sogar noch erweitert. Hier muss der Steuerpflichtige sogar die eventuell hinter dem ausländischen Unternehmen stehenden Gesellschafter benennen und bestimmte Informationen ständig vorhalten. Kommt der Steuerpflichtige seinen umfassenden Mitwirkungspflichten nicht nach, muss es dafür schon gute, und vor allem für den Betriebsprüfer nachvollziehbare Gründe geben. Gibt es diese nicht oder entsteht Streit darüber, ob alles hinreichend belegt ist, wird der Betriebsprüfer in aller Regel misstrauisch werden. Kann er auch nach näherer Prüfung eine Gestaltung nicht nachvollziehen oder kommt er zu dem zu Ergebnis, dass diese ausschließlich aus Steuerspargründen getätigt worden ist, wird er die Gestaltung in aller Regel nicht anerkennen.

Im ungünstigsten Fall kann er zudem den Verdacht hegen, dass eine Steuerstraftat begangen worden ist, weil die entsprechenden steuererheblichen Tatsachen nicht nur ihm, sondern bereits vorher der Finanzverwaltung vorsätzlich verschwiegen worden waren. In diesem Fall muss der Betriebsprüfer die Prüfung unverzüglich abbrechen und den Mitwirkungspflichtigen darüber informieren, dass er nunmehr auf Grund des Verdachts einer Steuerstraftat nicht mehr zur Mitwirkung gezwungen werden kann, da er sich nicht selbst einer Straftat bezichtigen muss.

In der Praxis werden Steuerstrafverfahren häufig auf Grund einer Betriebsprüfung eingeleitet. Ein möglicher Grund ist dabei der Wechsel eines langjährig zuständigen Betriebsprüfers. Während dieser z. B. bestimmte, steuerlich relevante Aufwandspositionen stets ohne Weiteres anerkannte, kommt der neue Betriebsprüfer nunmehr zu einer anderen, für den Unternehmer ungünstigen steuerlichen Bewertung. Im Folgenden entsteht daher Streit über die Anerkennung des geltend gemachten Aufwands. Dieser eskaliert derartig, dass schließlich vom Betriebsprüfer behauptet wird, der steuerlich relevante Sachverhalt sei schon in den Vorjahren seinem Vorgänger nicht offenbart worden. Bei Kenntnis der Sachlage hätte schon dieser den geltend gemachten Aufwand nicht anerkennen dürfen. Nicht nur, dass sich der Unternehmer nun immensen steuerlichen Nachteilen ausgesetzt sieht. Zudem leitet der neue Betriebsprüfer wegen der angeblichen Sachverhaltstäuschung eines Steuerstrafverfahren ein. Richtige Beratung bei der Betriebsprüfung hätte ihm wohl wenigstens das Steuerstrafverfahren ersparen können.

Zudem gilt, dass steuerliche Gestaltungen, die nicht der herrschenden Meinung oder der (bekannten) Ansicht der Finanzverwaltung entsprechen, offen zu legen sind. Dann wird man in der Regel keine Probleme mit der Finanzverwaltung bekommen. Ausnahmen bestätigen wie immer auch hier die Regel. Dass man es einmal mit einem uneinsichtigen und voreingenommenen Beamten zu tun bekommt, lässt sich nie ausschließen. Im Übrigen besteht bei Offenlegung natürlich die Gefahr, dass die Gestaltung nicht anerkannt wird. Allerdings vermeidet man dann wenigstens, dass mit der Nichtanerkennung auch die Einleitung eines Steuerstrafverfahrens einhergeht.

Eine nicht anerkannte und auch unter steuerstrafrechtlichen Aspekten relevante Gestaltung kann schließlich auch fatale Auswirkungen auf den (ehemaligen) Geschäftsführer bzw. Vorstand der Gesellschaft haben. Fällt die fragliche und nunmehr nicht anerkannte steuerliche Gestaltung in den

Zeitraum, in dem der Geschäftsführer bzw. Vorstand noch im Amt war, kann er für die vollen Steuerrückstände persönlich in Haftung genommen werden, auch wenn er inzwischen aus dem Unternehmen ausgeschieden ist. Dies ist für die Finanzverwaltung besonders dann von Interesse, wenn das Unternehmen inzwischen Insolvenz anmelden musste. In diesem Fall wird den Forderungen der Finanzverwaltung ein Vorrang gegenüber sonstigen Gläubigerforderungen eingeräumt. Die Finanzverwaltung wird sich dann an den – aus ihrer Sicht noch – liquiden ehemaligen Geschäftsführer bzw. Vorstand wenden.

Schon angesichts dieser persönlichen Haftungsgefahr sollte bei Gestaltungen, die vom üblichen Rahmen abweichen, immer ein versierter Steuerberater und/oder Rechtsanwalt zu Rate gezogen werden. Bei der Strukturierung ist dann Transparenz das Gebot der Stunde, um auch bei späteren Betriebsprüfungen keine schlafenden Hunde zu wecken.

7 Unternehmenskrise – Sozialabgaben sind abzuführen

Auch wenn es manchem Manager unangenehm ist: Man sollte sich auch mit den Risiken einer möglichen wirtschaftlichen Schieflage auseinander setzen. In dieser Situation gelten andere Regeln. Insbesondere werden an die Geschäftsleitung andere Anforderungen gestellt, wenn es darum geht, das Unternehmen wieder sicher in die schwarzen Zahlen zu führen und die Insolvenz zu vermeiden. Das Insolvenzrecht steht seit dem 1. Januar 1999 auf neuen Füßen. Die Probleme sind dadurch freilich nicht weniger geworden. Was viele Unternehmen offenbar nicht wissen oder wissen wollen: Auch bei drohender oder eingetretener Insolvenz gilt: Beschäftigt das Unternehmen Mitarbeiter, sind diese zu entlohnen. Entsprechend sind – von wenigen Ausnahmen abgesehen – Sozialversicherungsbeiträge zu entrichten. Das Vorenthalten dieser Beiträge ist nach § 266 a des Strafgesetzbuches (StGB) strafbar.

Die Norm ist ein typisches Begleitdelikt bei drohender oder eingetretener Insolvenz. In Krisenzeiten wird der Unternehmer oftmals ausschließlich daran denken, den Geschäftsbetrieb aufrechtzuerhalten und das Unternehmen so zu retten. Dafür benötigt er Liquidität, wozu er dann nicht selten die Sozialversicherungsbeiträge der Arbeitnehmer selbst nutzt, anstelle sie pflichtgemäß abzuführen. An dieser Stelle greift § 266 a StGB. Die Strafnorm sanktioniert in ihrem Absatz 1 das Nichtabführen der Arbeitnehmerbeiträge zur Sozialversicherung als Straftat. Wohlgemerkt: Es geht nur um den Arbeitnehmeranteil. Das reine Nichtabführen von Arbeitgeberanteilen ist nicht strafbar. Es wird nach § 266 a Abs. 2 StGB erst dann bestraft, wenn zum Nichtabführen noch eine Täuschungshandlung hinzukommt.

Kommt es nun während der Insolvenz zu einem Strafverfahren, wird in aller Regel nicht nur wegen Insolvenzverschleppung, sondern auch wegen eines möglichen Verstoßes gegen § 266 a StGB ermittelt. Die Unternehmer verteidigen sich in diesen Fällen stets mit zwei Argumenten:

- „Ich habe angesichts der schwierigen wirtschaftlichen Lage meinen Arbeitnehmern keinen Lohn mehr zahlen können. Warum sollte ich dann noch Beiträge abführen?“

- „Ich hatte in den Monaten vor Insolvenzantragstellung keine Geldmittel mehr zur Verfügung, aus denen ich die Sozialversicherungsbeiträge hätte bezahlen können. Alle Mittel habe ich zur Rettung meines Unternehmens eingesetzt. Ich konnte meiner Pflicht, die Sozialversicherungsbeiträge abzuführen, daher nicht nachkommen.“

Beide Argumente greifen nur bedingt. Zunächst kommt es auf die tatsächliche Zahlung des Lohns an den Arbeitnehmer nicht an. Besteht rechtlich gesehen ein Lohnanspruch, sind die Sozialversicherungsbeiträge abzuführen. Dies unabhängig davon, ob dem Arbeitnehmer sein Lohn auch tatsächlich ausgezahlt wird. Fehlen allerdings zum Fälligkeitszeitpunkt die zur Zahlung notwendigen Geldmittel, wird die strafbewehrte Pflicht aus § 266 a StGB nur dann zu Gunsten des Arbeitgebers suspendiert, wenn er vorher ausreichend auf Krisenzeichen geachtet hat. Sind solche Krisenzeichen schon vor Auszahlung der Löhne erkennbar, muss der Arbeitgeber entsprechende Vorsorge treffen, so dass die Sozialversicherungsbeiträge zum Fälligkeitszeitpunkt abgeführt werden können. Dazu muss er z. B. entsprechende Rücklagen bilden, einen Liquiditätsplan aufstellen oder gegebenenfalls die Löhne um die Arbeitnehmerbeiträge kürzen. Verwendet er indes in Kenntnis der Krisenlage den Arbeitnehmerbeitrag zur Sozialversicherung zur Erfüllung anderer Verbindlichkeiten, hat er seine Leistungsunfähigkeit selbst verschuldet. Dies darf ihm nach dem Rechtsgrundsatz der →omissio libera in causa nicht zum Vorteil gereichen, so dass es auch in diesem Fall bei der Strafbarkeit aus § 266 a StGB bleibt.

Lediglich in einem Fall wird die Pflicht zum Abführen der Sozialversicherungsbeiträge aufgehoben. Nach einem neuen Urteil des Bundesgerichtshof ist der Arbeitgeber in der Drei-Wochen-Phase nach Vorliegen und Kenntnis des Insolvenzgrundes nicht zum Abführen der Beiträge verpflichtet. Ansonsten würde er sich wegen Verstoßes gegen die Kapitalerhaltungsvorschriften schadensersatzpflichtig machen. Doch Achtung: Nach Ablauf der Frist lebt die Pflicht zum Abführen der Beiträge wieder auf. Wurde Insolvenzantrag gestellt, geht diese Pflicht nur dann vollständig auf den Insolvenzverwalter über, wenn es sich um einen so genannten →starken Verwalter handelt. Hat das Gericht hingegen nur einen so genannten →Zustimmungsverwalter bestellt, bleibt dieser neben dem zuständigen Organmitglied für das Abführen der Beiträge verantwortlich. Hier ist dann eine Abstimmung zwischen Verwalter und Unternehmer oberstes Gebot, um eine Strafbarkeit aus § 266 a StGB zu verhindern.

Der Grund für diese strikte Regelung ist das in § 266 a StGB geschützte Rechtsgut. Die Vorschrift dient der Sicherung des Sozialversicherungsaufkommens im Interesse der Solidargemeinschaft. Geht es – ähnlich wie im Steuerrecht – um die Belange des Staates und der Allgemeinheit, versteht Vater Staat keinen Spaß. Um so mehr gilt: Führen sie immer die fälligen Sozialversicherungsbeiträge ab. Koste es, was es wolle.

„Da! Ein Schlupfloch ..."

IV Neue Fahndungsschwerpunkte der Staatsanwälte

Die Arbeit der Staatsanwaltschaften hat sich in den vergangenen zwanzig bis dreißig Jahren stark verändert. Zwar werden immer noch die „klassischen" Delikte wie Mord, Totschlag, Körperverletzung, Beleidigung oder Nötigung verfolgt. Der Aufgabenbereich hat sich aber ständig erweitert und spezialisiert. Seit Ende der 1970er Jahre sind durch diverse Gesetze zur Bekämpfung der „Organisierten Kriminalität" und durch Strafrechtsänderungsgesetze zahlreiche neue Tatbestände geschaffen worden, die immer stärker auch Wirtschaftsabläufe betreffen. Klassische Beispiele sind etwa die Einführung der Delikte zum Schutze der Umwelt in den §§ 324 bis 330 d des Strafgesetzbuches (StGB – so genanntes Umweltstrafrecht) oder spezielle Formen des Betrugs – Computerbetrug, Subventionsbetrug, Kapitalanlagebetrug und Kreditbetrug – nach den §§ 263 a, 264, 264 a und 265 b StGB.

Diese und andere Regelungen sind inhaltlich sehr komplex, weil sie spezielle Bereiche des Wirtschaftslebens betreffen. Die Staatsanwaltschaften haben daher eigenständige Schwerpunktabteilungen zur Bekämpfung der Wirtschafts- und Steuerkriminalität eingerichtet. Allein in Berlin arbeiten mehr als 70 Staatsanwälte, Wirtschaftsreferenten, Amtsanwälte, Kanzleibedienstete und Boten in der Hauptabteilung für Wirtschaftsdelikte. Dieser Personalbedarf ist durchaus nachvollziehbar. Laut Pressestelle der Staatsanwaltschaft beim Landgericht Berlin wurden im Jahre 2004 allein in Berlin über 14.000 Strafverfahren wegen Wirtschafts- und Steuerkriminalität geführt, Tendenz steigend.

Der internationale Kampf gegen den Terrorismus und die Finanzkriminalität stellt die Staatsanwaltschaften seit einigen Jahren vor neue Aufgaben. Inzwischen sind innerhalb der Schwerpunktabteilungen Sondergruppen für Geldwäschefragen oder Vergehen am Kapitalmarkt entstanden. Weitere eigenständige Referate beschäftigen sich ausschließlich mit Großverfahren oder koordinieren die Zusammenarbeit der nationalen Strafverfolgungsorgane bei grenzüberschreitenden Verfahren. Damit einher gehen neue Fahndungsschwerpunkte, von denen im Folgenden zwei kursorisch dargestellt werden, die für die Unternehmensführung besondere Relevanz aufweisen können.

1 Geldwäschefahndungen

Einer der Fahndungsschwerpunkte ist der Kampf gegen die Geldwäsche. Nicht erst seit dem 11. September 2001 gehen die Strafverfolgungsorgane verstärkt gegen die internationale Geldwäsche vor. Auch lässt sich wahrlich nicht behaupten, dass der europäische Gesetzgeber bisher bei der Geldwäschebekämpfung nachlässig gewesen wäre. Bereits 1991 erließ die Europäische Union die 1. EU-Geldwäscherichtlinie, die sie 2001 mit der 2. EU-Geldwäscherichtlinie nochmals überarbeitete. In Deutschland wurden die Richtlinien durch den Geldwäscheparagrafen (§ 261 StGB) und mit dem Geldwäschegesetz (GwG) umgesetzt.

Nach § 261 StGB macht sich strafbar, wer Gegenstände oder Gelder, die aus einer Straftat erlangt wurden, verbirgt, ihre Herkunft verschleiert oder diesbezügliche Arrestmaßnahmen des Staates zur Sicherung dieser Gegenstände oder Gelder verhindert oder zumindest erheblich erschwert. Ein Geldwäscheverdacht liegt bereits dann vor, wenn für eine erbrachte Leistung Gelder entgegen genommen werden, von denen der Empfänger es zumindest für möglich hält, dass sie aus einer Straftat herrühren, und trotz dieser Bedenken dennoch handelt. Nach der bisherigen Rechtslage betrifft dies aber nur Gegenstände und Gelder, die aus bestimmten schweren Straftaten stammen. Gelder aus einfachen Steuerhinterziehungen gehören z. B. nicht dazu, es sei denn, es handelt sich bei der Steuerstraftat um eine gewerbs- bzw. bandenmäßige Steuerhinterziehung. In diesen Fällen kann die vorsätzliche Annahme von Geldern den Verdacht einer Geldwäsche begründen.

Um den Tätern, die sich durch die Einspeisung des schwarzen Geldes in den Wirtschaftsverkehr ein Reinwaschen desselben erhoffen, auf die Spur zu kommen, sind in erster Linie die Kreditinstitute gehalten, die Transaktionen ihrer Kunden zu überwachen und verdächtige Fälle den zuständigen Behörden zu melden. Diese Überwachungspflicht der Kreditinstitute ist im GwG geregelt. Sie sind bei Begründung der Geschäftsbeziehung mit dem Kunden verpflichtet, diesen mittels Personalausweis zu identifizieren und die Daten zu speichern. Ferner sind sie verpflichtet, die Transaktionen ihrer Kunden auf einen Geldwäscheverdacht hin zu überwachen. Aus diesem Grunde haben die Kreditinstitute in den vergangenen Jahren ein umfassendes spezielles Geldwäsche-Compliance-System zur Aufdeckung von Geldwäscheverdachtsfällen etabliert. Die Geldwäscheprävention ist für die Kreditinstitute mit ernormen wirtschaftlichen Aufwendungen verbunden. Allein in Deutschland werden täglich Millionen von Kontobewegungen überwacht. Ein Großteil der Präventionsarbeit, die eigentlich bei den staatlichen Behörden liegen sollte, wird hier auf die Schultern der Kreditinstitute gelegt.

Aber nicht nur die Banken sind zur Geldwäscheprävention verpflichtet. Die Umsetzung der 2. EU-Geldwäscherichtlinie 2001 hat Identifizierungs- und Meldepflichten auch für die Privatwirtschaft außerhalb des Banken- und Sparkassensektors eingeführt. So verpflichten die §§ 1 und 3 GwG neben den Kreditinstituten auch

- Finanzdienstleister (§ 1 Abs. 2 GwG),
- bestimmte Versicherungen (§ 1 Abs. 4 GwG),
- Wirtschaftsprüfer und Steuerberater (§ 3 Abs. 1 Satz 1 Nr. 2 GwG),
- Immobilienmakler (§ 3 Abs. 1 Satz 1 Nr. 3 GwG) und
- Spielbanken (§ 3 Abs. 1 Satz 1 Nr. 4 GwG)

zur uneingeschränkten Identifizierung ihrer Kunden bei der „Anbahnung einer auf Dauer angelegten Geschäftsbeziehung". Für Rechtsanwälte und Notare gibt es eingeschränkte Identifizierungspflichten. Sie beziehen sich auf Leistungen, die primär nicht auf die Rechtsberatung angelegt sind. Klassischer Fall ist die Vermögensverwaltung durch den Rechtsanwalt oder Notar.

Darüber hinaus sind auch sonstige Gewerbetreibende nach § 3 Abs. 1 Satz 2 GwG zur Identifizierung ihres Geschäftspartners verpflichtet, wenn sie von diesem Bargeld im Mindestwert von 15.000 Euro annehmen. Dabei ist es unerheblich, ob dieser so genannte Schwellenwert durch eine Transaktion erreicht wird. Die Identifizierungspflicht besteht auch dann, wenn die Schwelle durch die Summe verschiedener, zeitlich und sachlich zusammenhängender Transaktionen überschritten wird. Die künstliche Aufteilung bemakelten Geldes zwecks Unterschreitung des Schwellenwertes (so genanntes Smurfing, vgl. § 2 Abs. 3 GwG) soll kein Einfallstor für Geldwäscher sein. Für den Identifizierungspflichtigen ist es allerdings oft schwierig zu erkennen, wann zwischen zwei Transaktionen von z. B. zwei Mal 8.000 Euro ein Zusammenhang besteht. Da bisher vom Identifizierungspflichtigen keine Nachforschungen zum Zusammenhang erwartet werden, bestehen die Anzeigepflichten nur, wenn der Zusammenhang offen zu Tage tritt. In der Praxis häufig zu beobachten sind z. B. mehrere Juwelenkäufe bei einem einzigen Verkäufer innerhalb mehrerer Monate oder – neuerdings – Mietvorauszahlungen an Immobilienmakler, die von einer Person in bar für je einen Monat und für mehrere Mieter geleistet werden.

Unabhängig vom Schwellenwert von 15.000 Euro besteht darüber hinaus für alle genannten Berufsgruppen eine Identifizierungspflicht, wenn eine bestimmte Transaktion von Vermögenswerten im Verdacht steht, der Geldwäsche und/oder Terrorismusfinanzierung zu dienen. Dabei stellt sich das schlichte praktische Problem der Erkennung. Ein Patentrezept gibt es nicht. Aus den Erfahrungen der Kreditinstitute und der bisher Identifizierungs- und Meldepflichtigen lassen sich aber Anhaltspunkte ermitteln. Sie sind in Kapitel X zu einer Checkliste zusammengefasst. Sie ist nur als ein erster Hinweis zu verstehen, auf welche Zeichen man als Identifizierungspflichtiger bei der Eingehung einer dauerhaften Geschäftsbeziehung zu achten hat. Je nach Art des Geschäfts des Identifizierungspflichtigen und je nach Kundenkreis liegen unterschiedliche Berührungspunkte zu möglichen Geldwäschefällen vor.

Wird der Schwellenwert überschritten oder liegt der Verdacht vor, dass die Transaktion der Geldwäsche bzw. der Terrorismusfinanzierung dienen soll, statuiert das GwG weitere Pflichten für die zur Identifizierung Verpflichteten. Nach § 11 GwG müssen alle Identifizierungspflichtigen die jeweilige Vermögenstransaktion unverzüglich der zuständigen Staatsanwaltschaft und dem Bundeskriminalamt melden. Lediglich für Rechtsanwälte, Notare, Wirtschaftsprüfer und Steuerberater bestehen Einschränkungen. Basiert der Verdacht der Geldwäsche bzw. der Terrorismusfinanzierung auf Informationen, die diesen Personen aus dem Mandatsverhältnis heraus bekannt geworden sind, wird die Anzeigepflicht suspendiert. Ausnahme: Der Mandant missbraucht den Schutz des Mandatsverhältnisses, gerade um das Geld unbemerkt waschen zu können. Die Ausnahmefälle kommen aber in der Praxis selten vor, da kaum ein Fall denkbar ist, in dem der Rechtsanwalt, Notar, Wirtschaftsprüfer oder Steuerberater zumindest vermutet, dass das mit dem Mandanten eingegangene Mandatsverhältnis nur dem Zweck der Geldwäsche dient. Entsprechend gering ist die Zahl der Verdachtsanzeigen aus diesen Berufsgruppen.

Wer nun als Verpflichteter meint, er habe ja bisher keine Geldwäscher als Mandanten bzw. Kunden gehabt und werde auch in Zukunft keine haben, sollte dennoch bestrebt sein, zukünftig seinen Identifizierungspflichten nachzukommen. Dies betrifft nun nicht „Altfälle" mit langjährigen Mandanten/Kunden, die dem Verpflichteten persönlich bekannt sind. Aber jedenfalls bei neuen Geschäftsbeziehungen sollte den Pflichten des GwG nachgekommen werden. Dies schon zum eigenen Schutz. Während der Verstoß gegen die Meldepflicht nicht sanktioniert wird, stellt der Verstoß gegen die Identifizierungspflicht nach § 17 GwG eine →Ordnungswidrigkeit dar, die mit einem Bußgeld von bis zu 100.000 Euro geahndet werden kann. Dies gilt im Übrigen auch, wenn den Aufbewahrungspflichten nicht nachgekommen wird. Die Identifizierungspflichtigen sind verpflichtet, die zum Zwecke der Identifizierung gefertigten Aufzeichnungen sechs Jahre lang aufzubewahren (§ 9 Abs. 3 GwG).

Waren die Pflichten nach dem GwG schon bis jetzt relativ umfassend, ist anzunehmen, dass der Pflichtenkatalog noch erweitert wird. Gleiches gilt für die Regelung des Geldwäscheparagrafen. Denn die EU-Mitgliedstaaten müssen die im Oktober 2005 in Kraft getretene 3. EU-Geldwäscherichtlinie binnen zwei Jahren in innerstaatliches Recht umsetzen. Fraglich ist allerdings, ob der europäische Gesetzgeber mit der Richtlinie nicht über das Ziel hinausgeschossen ist.

Bereits im Vorfeld war Kritik an den geplanten Neuregelungen laut geworden. Diese kam allerdings fast ausschließlich von Seiten anwaltlicher Berufs- und Interessenverbände. Dies überrascht, bedeuten die Neuregelungen doch eine beträchtliche Ausweitung der Pflichten zur Identifizierung und Überwachung von Kunden und treffen somit auch den allgemeinen Wirtschaftsverkehr. Viele Unternehmen stehen vor großen Aufgaben. Sie werden erhebliche Veränderungen im Rahmen der Überwachung ihres Geschäftsverkehrs vorzunehmen bzw. Kontrollmechanismen aufzubauen haben. Die 3. EU-Geldwäscherichtlinie beschreibt detailliert, welche Maßnahmen zu treffen sind, um möglichen Schäden vorzubeugen.

Dabei bleibt es nicht bei der reinen Identifizierung der Geschäftspartner bzw. einer Meldepflicht im Verdachtsfall. Unter Identifizierung versteht die Richtlinie vielmehr auch das Einholen von Informationen über Zweck und Natur des angestrebten Geschäfts und die nachfolgende Überwachung der dann angelaufenen Geschäftsbeziehung. Darüber hinaus ist der Einzelne dazu verpflichtet, bei Zweifeln über den wirklichen Geschäftspartner den wahren Geschäftspartner, d. h. den wirtschaftlichen Eigentümer der werthaltigen Zuwendung, zu identifizieren, soweit dies angemessen erscheint. Dahinter steht der Gedanke, der Einzelne müsse sichergehen, dass er seinen Kunden und dessen Absichten kennt (Know-your-customer-Prinzip). Bei juristischen Personen bedeutet dies, dass der Verpflichtete in angemessenem Umfang versuchen muss, die Eigentums- und Kontrollstruktur seines Kunden zu verstehen. Bei vielschichtigen Konzernstrukturen oder zahlreichen verbundenen Auslandsgesellschaften ist dies oftmals kaum möglich. Dass selbst Profis dabei Fehler unterlaufen, zeigen die Durchsuchungen bei der Commerzbank AG im Zusammenhang mit Geldtransaktionen aus Russland im Sommer 2005.

Um ihre Pflichten zu erfüllen, müssen Unternehmen Monitoring- bzw. →Risiko-Management-Systeme aufbauen oder bestehende Systeme an die neuen Bedingungen anpassen, wenn sie Güter oder Dienstleistungen anbieten und die Bezahlung in bar erfolgt sowie mindestens 15.000 Euro beträgt. Dabei kann sich der Einzelne nur bedingt darauf berufen, er sei bisher nicht mit „Geldwäschern" in Kontakt geraten. Die Richtlinie verpflichtet grundsätzlich auch zur Überwachung bereits bestehender, langjähriger Geschäftsbeziehungen. Einziger Rettungsanker ist die Möglichkeit, in den Bereich der verminderten Sorgfaltspflichten zu gelangen. Die Richtlinie erlaubt, bei geringem Geldwäscherisiko von der Identifizierung abzusehen. Ob dies der Fall ist, lässt sich freilich erst nach einer entsprechend aufwändigen Prüfung feststellen. Eine langjährige vertrauensvolle Geschäftsbeziehung allein reicht für die Annahme verminderter Risiken nicht immer aus. Zwar ermächtigt die Richtlinie die EU-Kommission, technische Kriterien aufzustellen, mit denen sich Fälle des gesteigerten oder des verminderten Geldwäscherisikos beschreiben lassen. Dies ist bislang noch nicht geschehen. Worin also die Kriterien bestehen werden, ist zur Zeit noch völlig offen.

Wie ernst es Brüssel aber mit der Umsetzung des Maßnahmenkatalogs ist, zeigt sich daran, dass die Richtlinie davon ausgeht, der Verpflichtete müsse grundsätzlich jedes der möglichen Überwachungsverfahren nutzen, unabhängig von Größe oder Bedeutung des Unternehmens. Selbst beim kleinen Warenhändler auf dem Lande geht die EU-Kommission grundsätzlich davon aus, dass er geschäftlich auch mit Kunden in Kontakt kommen kann, bei denen ein erhöhtes Überwachungsbedürfnis besteht. Zwar darf er sich je nach Kundentyp, Geschäftsbeziehung oder Transaktion auf einzelne Maßnahmen beschränken. Das entbindet ihn aber nicht davon, erst einmal ein umfangreiches Überwachungssystem vorzuhalten. Gewährleistet ein Verpflichteter die notwendige Überwachung nicht, haben die Mitgliedstaaten sicher zu stellen, dass er keine Transaktionen über ein Bankkonto abwickeln und keine Geschäftsbeziehungen etablieren bzw. beenden kann. Letztlich kommt dies einer Untersagung der geschäftlichen Tätigkeit gleich. Und noch schlimmer: Handelt es sich bei dem angenommenen Geld tatsächlich um Schwarzgeld, kann sich der Unternehmer bei Nichtvorhalten eines →Monitoring-Systems zumindest der leichtfertigen Geldwäsche schuldig machen.

Was bleibt, sind Fragen: Wie erkennt man Geldwäscher? Was gibt es für Anhaltspunkte? Wie sehen die Mitteilungspflichten aus? Welcher Stelle muss man melden? In diesem Kontext ist den Unternehmen zu raten: Prävention durch Aufklärung, Schulung und Information. Und dies lieber früher als später, bevor die strafrechtlichen und wirtschaftlichen Konsequenzen eintreten.

2 Verschärfungen am Kapitalmarkt

Ein weiterer Bereich, den die Strafverfolgungsorgane inzwischen verstärkt überwachen, ist der Kapitalmarkt. Dies ist angesichts des Börsenbooms Ende der 1990er Jahre und des Niedergangs des Neuen Marktes mit all seinen Skandalen und nachfolgenden Strafverfahren kaum verwunderlich. Da in diesen Zeiten nicht nur institutionelle Anleger, sondern in verstärktem Maße auch Kleinaktionäre geschädigt wurden – die Haftungsprozesse laufen bis in die heutige Zeit hinein –, hat sich auch der Gesetzgeber genötigt gesehen, durch entsprechende Gesetzesänderungen einzugreifen.

So wurden die bisherigen Regelungen zur Sanktionierung unerlaubter Eingriffe in den Wertpapierhandel mit dem 4. Finanzmarktförderungsgesetz (4. FMFG) zum Schutze des Anlegers und der Funktionsfähigkeit und Integrität des Kapitalmarktes geändert. Die alte Regelung des Kursbetrugs nach § 88 des Börsengesetzes alter Fassung hatte sich als hohler Zahn erwiesen. Entsprechend strich man die Norm und veränderte zudem zahlreiche Vorschriften des Wertpapierhandelsgesetzes (WpHG). Hintergrund der Änderungen im Bereich des Insiderrechts war unter anderem die Insiderrichtlinie des Europäischen Rates von 1989. Der europäische Gesetzgeber war zudem Motor weiterer Veränderungen. Durch die Marktmissbrauchsrichtlinie, drei weitere Durchführungsrichtlinien und eine Durchführungsverordnung wurden in Europa zwischen 2003 und 2005 Fakten geschaffen, die der deutsche Gesetzgeber schließlich 2004 mit dem Anlegerschutzverbesserungsgesetz (AnSVG) umsetzte. Kernstück der Neuregelungen waren vor allem neuerliche Änderungen des Verbots des Insiderhandels nach § 14 WpHG im Zusammenhang mit den Änderungen der Publizitätsvorschriften der §§ 15 ff. WpHG sowie die ebenfalls erneute Änderung des Verbots der Kurs- und Marktpreismanipulation nach § 20 a WpHG. Verstöße gegen diese Verbote werden nach § 39 WpHG grundsätzlich als Ordnungswidrigkeit eingeordnet, können aber – unter bestimmten Voraussetzungen – nach § 38 WpHG auch als Straftat angesehen werden. Einzelne mögliche Verstöße sind bereits in Kapitel III behandelt worden. Insofern soll auf sie hier nicht nochmals eingegangen werden.

Auf Grund der gesetzlichen Verschärfungen hat sich auch die Arbeit der Strafverfolgungsbehörden verändert. Bereits im Zuge des 4. FMFG wurde das bisherige Bundesaufsichtsamt für Kreditwirtschaft (BaKred) in die Bundesanstalt für Finanzdienstleistungsaufsicht (BaFin) umgewandelt. Die BaFin ist im Grunde keine staatliche Strafverfolgungsbehörde. Diese Funktion nimmt in Deutschland ausschließlich – auch im Rahmen des Kapitalmarktes – die Staatsanwaltschaft wahr. Die BaFin ist nur Aufsichtsbehörde. Sie überwacht den ordnungsgemäßen Ablauf des Kapitalmarktes in Deutschland. Dadurch unterscheidet sie sich z. B. wesentlich von der US-amerikanischen Securities and Exchange Commission (SEC), der Aufsichtsbehörde an der New Yorker Börse. Obwohl also Mitarbeiter der BaFin, anders als ihre New Yorker Kollegen, gegen niemanden wegen des Verdachts des Insiderhandels Anklage erheben dürfen, sind ihre Einflussmöglichkeiten dennoch nicht zu unterschätzen. Kein Staatsanwalt in Deutschland würde ohne einen entsprechenden Hinweis bzw. ohne eine entsprechende Anzeige oder Prüfung durch die BaFin damit beginnen, z. B. Ermittlungen wegen des Verdachts der Kurs- und Marktpreismanipulation einzuleiten. Theoretisch könnte er dies zwar, würde sich aber stets der Mithilfe der Mitarbeiter der BaFin bedienen.

Diese ist im Übrigen in den vergangenen Jahren sehr rege gewesen, was die Einleitung formaler Ermittlungen wegen Insiderhandels anbelangt. So wurden in den Jahren 2001 bis 2004 insgesamt 232 Fälle im Hinblick auf Verstöße gegen das Verbot des Insiderhandels überprüft. In insgesamt 87 Fällen hat die BaFin das Verfahren eingestellt. Weitere 107 Fälle wurden an die Staatsanwaltschaft, zumeist an die in Frankfurt am Main, abgegeben. Ebenso hat die Tätigkeit der Staatsanwaltschaften in diesem Bereich zugenommen. Allein 2004 liefen in Deutschland 199 Verfahren wegen Verdachts auf Insiderhandel. Die Ausbeute überzeugt allerdings kaum. In lediglich fünf Verfahren kam es nach einer öffentlichen Hauptverhandlung zur Verurteilung. Weitere zwei Fälle wurden im Strafbefehlsverfahren erledigt und 29 gegen Zahlung einer Geldstrafe eingestellt. Ohne Geldauflage eingestellt wurden im Jahre 2004 insgesamt 163 Fälle.

Dass die BaFin dennoch stets äußerst wachsam ist und auch vor großen Namen nicht zurückschreckt, zeigen insbesondere die Ermittlungen, welche die Behörde im Rahmen der Ablösung des Vorstandsvorsitzenden der DaimlerChrysler AG, Jürgen Schrempp, im Herbst 2005 führte. Schrempp soll über seinen Rücktritt zuvor mit dem Aufsichtsratsvorsitzenden der DaimlerChrysler AG, Hilmar Kopper, gesprochen haben. Nun standen zwei Verdachtsmomente im Raum. Einerseits kam es im Zuge des Ausscheidens von Schrempp zum Verkauf eines großen Pakets von DaimlerChrysler-Aktien durch die Deutsche Bank, deren Aufsichtsratschef Kopper lange Zeit war. Hatte Kopper seiner ehemaligen Arbeitgeberin Informationen zukommen lassen, so dass diese warten konnte, um in Erwartung eines Ansteigens des Börsenkurses der DaimlerChrysler-Aktien mehr Gewinn zu erzielen? Zudem kam es vor offizieller Bekanntgabe des Rücktritts auch zu unerwartet vielen Zukäufen von DaimlerChrysler-Aktien, die nach offizieller Bekanntgabe des Rücktritts und Anstieg des Börsenkurses der DaimlerChrysler-Aktie wieder gewinnbringend verkauft wurden. Waren schon vor der Bekanntgabe Gerüchte durchgedrungen, dass Schrempp gehen wolle? Der Hinweis des Vorsitzenden des Vereins der kritischen DaimlerChrysler-Aktionäre hatte die Ermittlungen gegen Kopper und gegen Manager der DaimlerChrysler AG in Gang gesetzt. Alle Verfahren wurden aber mangels hinreichenden Tatverdachts eingestellt.

Das Verfahren offenbart zwei Phänomene bzw. Probleme der Bekämpfung der Kriminalität am Kapitalmarkt. Einerseits kann die BaFin trotz umfangreicher Überprüfung des Kursverlaufs eines Wertpapiers und der damit zusammenhängenden Käufe bzw. Verkäufe nicht immer nachweisen, ob Insiderhandel vorliegt. Denn üblicherweise versuchen die dem Verbot unterliegenden Insider, durch Einschaltung von Strohmännern der Entdeckung zu entgehen. Auch bleiben die entsprechenden Vorgänge und Personen oft im Dunkeln, so dass die Aufsichts- und Ermittlungsbehörden häufig auf die Mithilfe bzw. Anzeige von dritter Seite angewiesen sind.

Andererseits ist fraglich, ob auch bloße Gerüchte Insiderinformationen sind. Die Einbeziehung dieser unpräzisen Informationen bereitet in der Praxis große Probleme. Aus rein juristischer Sicht ist im Grunde klar, dass Gerüchte nicht dem Anwendungsbereich des Verbots des Insiderhandels unterfallen können. Sie sind zu unpräzise, um ein Verbot bzw. eine Sanktionierung zu rechtfertigen, mögen sie sich im Nachhinein auch als zutreffend erweisen. Dieser Auffassung sind auch der deutsche und der europäische Gesetzgeber, wie auch aus den Gesetzgebungsmaterialien deutlich hervorgeht. Die BaFin freilich ist anderer Auffassung. Sie ist vor allem dem Schutz des Kapitalmarktes verpflichtet. Und aus ihrer Perspektive scheint es zunächst einmal besser zu sein, einen möglichst großen Bereich potenziell schädigenden Verhaltens zu sanktionieren. Entsprechend hat die BaFin in ihrem im Juli 2005 erschienenen neuen Emittentenleitfaden die Gerüchte, soweit sie einen Tatsachenkern enthalten, als Insiderinformationen eingeordnet. Dafür musste sie bereits aus juristischen Kreisen massive Kritik einstecken.

Man darf gespannt sein, wie sich die durch die BaFin ausgeübte Kapitalmarktaufsicht in den nächsten Jahren entwickeln wird. Alles deutet jedoch darauf hin, dass sie ihre Aufgabe weiter sehr ernst nimmt. Umso mehr ist am Kapitalmarkt mit dem Umgang von Informationen Vorsicht geboten.

Dem Täter auf der Spur

V Woher wissen die das? – Inländische Informationsquellen der Finanzverwaltung

Die meisten Steuerpflichtigen neigen dazu, die Ermittlungs- und Erkenntnismöglichkeiten der Finanzverwaltung erheblich zu unterschätzen. Dies mag im Einzelfall damit zusammenhängen, dass mit dem Bild eines Finanzbeamten eine Person verbunden wird, die in verstaubtem Mobiliar an einem Schreibtisch ohne Computer sitzt und sich zur Gewinnung von Erkenntnissen bestenfalls der regionalen Tageszeitung bedient. Mag dieses Bild in den 1990er Jahren für viele Finanzämter noch zugetroffen haben, ist es mittlerweile bestenfalls geeignet, einem Steuermuseum als Vorlage zu dienen. Die technischen Möglichkeiten der Finanzverwaltung, insbesondere im Bereich der EDV, entsprechen weitgehend dem Stand der Klasse und werden stetig erweitert und optimiert. Zudem haben sich die nationalen und internationalen Erkenntnisquellen der Finanzverwaltung potenziert. Das Fahndungsnetz der Beamten wird zunehmend enger, weswegen Steuersünder immer weniger darauf hoffen können, (noch) durch die Maschen zu entkommen.

Verglichen mit der Situation früherer Jahre steht die Finanzverwaltung mittlerweile vor dem Problem, dass sie personell nicht immer in der Lage ist, alle ihr zur Verfügung stehenden Erkenntnismöglichkeiten zu nutzen oder zeitnah auszuwerten. Dies sollte jedoch nicht als falsches Signal verstanden werden. Die für eine einfache Steuerhinterziehung geltende strafrechtliche Verfolgungsfrist von fünf Jahren und die steuerliche Festsetzungsfrist von zehn Jahren, d. h. die Frist, in der bestandskräftige Steuerbescheide noch geändert werden können, bieten den Finanzbehörden ein hinreichend großes Zeitfenster, um etwaigen Hinweisen nachgehen zu können. Bei Schenkungen beginnt die steuerliche Festsetzungsfrist sogar erst, wenn die Finanzbehörde von der vollzogenen Schenkung Kenntnis erlangt oder der Schenker stirbt. Der Zeitpunkt, ab dem ein Steuersünder vor Nachstellungen der Finanzbehörden sicher sein kann, wird in der Regel später erreicht, als es dem Betroffenen lieb ist.

Die nachfolgende Darstellung der inländischen Informationsquellen ist trotz der Vielzahl der dargelegten Möglichkeiten weder abschließend noch erschöpfend, weswegen sie insbesondere nicht geeignet ist, verlässliche Aufschlüsse über das potenzielle Entdeckungsrisiko eines Steuersünders zu geben. Im Gegenteil sollten die inländischen und ausländischen Informationsquellen eher als Warnhinweis verstanden werden.

Die Finanzbehörden gewinnen ihre Erkenntnisse über inländische Sachverhalte insbesondere durch

- (anonyme) private Anzeigen,
- routinemäßige Mitteilungspflichten von Gerichten, Behörden und Notaren über Grundstücks- und bestimmte Unternehmenstransaktionen,
- besondere Mitteilungspflichten (Geldwäscheverdacht, Korruption),
- Zugriff auf Daten und Datensammlungen anderer Behörden,
- Außenprüfung (Betriebsprüfung) und Umsatzsteuernachschau („freiwillige" Prüfungen, digitale Betriebsprüfung, Kontrollmitteilungen),
- stärkere interne Vernetzung der Finanzverwaltung und Optimierung des Datenaustausches,
- Kontenabrufverfahren und
- internetbasierte Fahndung (XPIDER).

1 (Anonyme) private Anzeigen – Der Klassiker

Klassiker haben immer Konjunktur. Diese Binsenweisheit trifft auch auf die Informationsquellen der Finanzverwaltung zu. Die Flut privater Anzeigen von verlassenen Ehepartnern, entlassenen Mitarbeitern oder unfreundlichen Nachbarn bei der Steuerfahndung, teils in anonymer Form, ist ungebrochen und erweist sich nach wie vor als überaus effektive Informationsquelle. Die Besonderheit privater Anzeigen besteht darin, dass der Betroffene wenig Möglichkeiten hat, sich gegen den Verrat aus den „eigenen Reihen" zu schützen, und der Denunziant in der Regel über detailliertes Insiderwissen verfügt. Im Einzelfall ist es zwar durchaus möglich, sich mit einer etwas „zurückhaltenden" Informationspolitik gegen solche Anzeigen zu schützen. Wer etwa mit besonderer Leidenschaft den Volkssport Steuerhinterziehung betreibt, sollte dies in eigenem Interesse sicherlich nicht am berüchtigten 19. Loch seiner sonntäglichen Golfrunde in sämtlichen Einzelheiten darlegen. Letztendlich kann sich jedoch niemand wirksam gegen (anonyme) private Anzeigen schützen, weil jeder aufgrund seiner (unvermeidbaren) sozialen Beziehungen bestimmten Personen mit einem Grundvertrauen begegnet.

Anonyme Anzeigen sind nicht nur im privaten Umfeld, sondern auch im unternehmerischen Bereich häufig anzutreffen. Besonders spektakulär war in der Vergangenheit jener Fall, in dem der Staatsanwaltschaft Bochum eine CD mit Informationen über Personen zugespielt wurde, die in Liechtenstein eine von einem Treuhänder verwaltete Stiftung errichtet hatten und diese Konstruktion mutmaßlich dazu genutzt hatten, ihre Gelder vor den Augen des deutschen Fiskus zu verbergen. Die Informationen aus der ansonsten überaus verschwiegenen Alpenrepublik gelangten nur deswegen in die Hände der Strafverfolger, weil ein ehemaliger Mitarbeiter des Treuhänders die Daten ohne das Wissen seines Arbeitgebers weitergab. Dieser Fall zeigt, dass Unternehmen gut beraten sind, gegenüber ihren Mitarbeitern bestimmte Informationen eher restriktiv zu behandeln und ihre EDV-Systeme gegen unerlaubte Datenspeicherung zu schützen.

Erweisen sich (anonyme) private Hinweise an die Steuerfahndung als unbegründet, hat der Betroffene ein verständliches Interesse daran, den

Namen des Denunzianten zu erfahren. Grundsätzlich sind dessen persönliche Verhältnisse jedoch durch das Steuergeheimnis geschützt. Sie werden nur dann von der Finanzverwaltung offenbart, wenn dies zur Durchführung eines Strafverfahrens gegen den Denunzianten wegen falscher Verdächtigung o. ä. erforderlich ist oder das →Allgemeine Persönlichkeitsrecht des Betroffenen gegenüber der Wahrung des Steuergeheimnisses überwiegt. Haben sich die Hinweise des Denunzianten hingegen als zutreffend erwiesen, ist die Finanzbehörde wegen des Steuergeheimnisses nicht befugt, seinen Namen zu offenbaren.

2 Der kurze Dienstweg – Routinemäßige Mitteilungspflichten besonders Verpflichteter

Im Gegensatz zu privaten Anzeigen, die freiwillig erstattet werden, ist eine Reihe öffentlicher und privater Institutionen verpflichtet, das Finanzamt routinemäßig über bestimmte steuerlich erhebliche Vorgänge zu informieren. Solche Anzeigepflichten treffen insbesondere Gerichte, Behörden und Notare, aber auch Versicherungsunternehmen. Informationen, etwa über den Erwerb einer Immobilie, können im Einzelfall weitere Ermittlungen des Finanzamts auslösen, beispielsweise ob der Kaufpreis finanziert oder aus angespartem Vermögen gezahlt wurde und – im letztgenannten Fall – aus welchem Grund in den Vorjahren keine dementsprechenden Einkünfte aus Kapitalvermögen erklärt wurden. Ein unmittelbarer Verdacht für das Vorliegen einer Steuerstraftat kann sich aus derartigen Mitteilungspflichten nicht ergeben, jedoch der ein oder andere Grund, die finanzielle Situation eines Steuerbürgers kritisch zu hinterfragen. Im Einzelnen bestehen folgende Mitteilungspflichten:

- Bereits die Gründung eines Unternehmens oder die Aufnahme einer gewerblichen Tätigkeit bleiben dem Finanzamt nicht verborgen. Die Gemeinde, bei der ein Gewerbeschein beantragt wird, unterrichtet unverzüglich das zuständige Finanzamt. Dieses übersendet dem Steuerpflichtigen dann einen ausführlichen Fragebogen zu den steuerlich bedeutsamen Einzelheiten seiner Tätigkeit.

- Notare sind verpflichtet, den Finanzbehörden eine beglaubigte Abschrift aller Urkunden zu übersenden, welche die Gründung, Kapitalerhöhung oder -herabsetzung, die Umwandlung oder Auflösung von Kapitalgesellschaften oder die Verfügung über Geschäftsanteile an solchen Gesellschaften zum Gegenstand haben. Neben der Tatsache, dass ein Geschäftsanteil veräußert wurde, kann das Finanzamt etwa der Urkunde über den Kauf und die Abtretung weitere Einzelheiten entnehmen, insbesondere die Höhe des Kaufpreises, die Art und Weise der Zahlung, Angaben zu möglicherweise vorhandenen Treuhandverhältnissen oder sonstige Abreden der Vertragsparteien. Vor Absendung einer beglaubigten Abschrift an das Finanzamt darf den Vertragsparteien keine Ausfertigung oder Abschrift der fraglichen Urkunde durch den Notar erteilt werden. Es ist somit wenig zielführend, im Nachhinein als steuerlich ungünstig erkannte Vorgänge durch eine weitere notarielle Beurkundung vermeintlich ungeschehen zu machen. Das Finanzamt wird in solchen Fällen über beide Vorgänge informiert, was als so genannter Doppeldecker möglicherweise die mehrfache Verwirklichung eines Steuertatbestands zur Konsequenz hat.

- Gerichte, Behörden und Notare unterliegen ebenfalls Anzeigepflichten im Hinblick auf inländische Grundstücke. Mitteilungen über ausländische Grundstücke können lediglich auf der Grundlage europäischer oder zwischenstaatlicher Abkommen zur Amts- und Rechtshilfe, worauf in Kapitel VI noch zurück zu kommen sein wird, im Einzelfall ergehen. Die Genannten sind verpflichtet, das für die Erhebung der Grunderwerbsteuer zuständige Finanzamt über sämtliche Rechtsvorgänge in Kenntnis zu setzen, die im weitesten Sinne mit der Übertragung eines Grundstückes in Zusammenhang stehen. Dies sind etwa Kauf- und Übertragungsverträge, Anträge auf Grundbuchberichtigung oder Zuschlagbeschlüsse im Verfahren der Zwangsversteigerung. Die Anzeigen müssen insbesondere sämtliche persönlichen Daten der Beteiligten, genaue Angaben zum Grundstück und zur Gegenleistung (Kaufpreis) enthalten. Auch hier dürfen den Vertragsparteien Ausfertigungen und Abschriften der Urkunden erst erteilt werden, wenn die Anzeige an das Finanzamt weitergeleitet worden ist. Im Übrigen setzt die Eintragung eines Erwerbers in das Grundbuch eine Unbedenklichkeitsbescheinigung des Finanzamtes voraus, die nur erteilt wird, wenn die Zahlung der Grunderwerbsteuer sichergestellt ist.

- Ferner unterliegen Gerichte, Behörden und Notare einer weitgehenden Anzeigepflicht über Vorgänge, die für die Erhebung der Erbschaft- und Schenkungsteuer von Bedeutung sein können. So haben die Standesämter die Sterbefälle und die Gerichte und Notare beispielsweise die Erteilung von →Erbscheinen bzw. →Testamentsvollstreckerzeugnissen dem zuständigen Finanzamt schriftlich anzuzeigen und dabei detaillierte Angaben zu den beteiligten Personen und den zugewandten Vermögensgegenständen zu machen. Benötigen die Erben einen Erbschein, der insbesondere von Kreditinstituten zum Nachweis der Legitimation von Erben regelmäßig verlangt wird, führt dies automatisch zu einer Unterrichtung des zuständigen Finanzamts über den Erbfall, den Erblasser, die Personen der von Todes wegen Begünstigten und Einzelheiten zum Nachlass. Eine vergleichbare Pflicht trifft die Verwalter fremden Vermögens.

- Hervorzuheben ist die Anzeigepflicht der diplomatischen Vertreter und Konsuln gegenüber dem Bundesministerium der Finanzen über die von ihnen beurkundeten Sterbefälle von Deutschen, die ihnen sonst bekannt gewordenen Sterbefälle von Deutschen ihres Amtsbezirks sowie die ihnen bekannt gewordenen Zuwendungen ausländischer Erblasser oder Schenker an in Deutschland steuerpflichtige Personen.

- Eine besondere Pflicht trifft Versicherungsunternehmen, die gegenüber dem für die Erbschaft- und Schenkungsteuer zuständigen Finanzamt eines Begünstigten eine schriftliche Anzeige zu erstatten haben, bevor sie Versicherungssummen oder →Leibrenten einer anderen Person als dem Versicherungsnehmer auszahlen oder zur Verfügung stellen. Die Anzeige darf unterbleiben, wenn bei Kapitallebensversicherungen der auszuzahlende Betrag eine bestimmte Bagatellgrenze nicht übersteigt.

- Schließlich haben die für die Verwaltung von inländischen Stiftungen zuständigen Behörden das für die Erbschaft- und Schenkungsteuer zuständige Finanzamt regelmäßig über die Anerkennung von Stiftungen und die Genehmigung von Zuwendungen von Todes wegen und unter Lebenden an Stiftungen zu unterrichten. Auch insoweit erfolgen detaillierte Angaben zu den persönlichen Verhältnissen der Beteiligten und zum Wert des zugewandten Vermögens.

Die einzelnen Mitteilungspflichten zeigen, dass die Finanzverwaltung regelmäßig mit einer Flut von Informationen versorgt wird, die im Einzelfall durchaus gezielte Nachfragen auslösen oder im Falle eines bereits bestehenden Verdachts ein weiteres Sachverhaltselement bilden kann. Dass die genannten Informationen im Einzelfall lediglich der für die Verwaltung der Grunderwerb- oder der Erbschaft- und Schenkungsteuer zuständigen Stelle übermittelt werden, sollte niemanden in falscher Sicherheit wiegen. Die damit betrauten Stellen oder organisatorisch eigenständigen Finanzämter haben die Möglichkeit (und machen davon in der Praxis nicht selten Gebrauch), den für die Ertragbesteuerung zuständigen Finanzämtern durch Kontrollmitteilungen die steuerlich relevanten Informationen zu übermitteln.

3 Weitere Mitteilungsverpflichtungen

Neben den dargestellten routinemäßigen Mitteilungspflichten besonders Verpflichteter wird die Finanzverwaltung von anderen Behörden und Gerichten auch anlassbezogen mit bestimmten Informationen versorgt, die häufig unmittelbar in steuerstrafrechtliche Ermittlungen münden. Dies hängt damit zusammen, dass die mitgeteilten Sachverhalte bereits aus anderen Gründen potenziell strafrechtliche Relevanz besitzen und für die steuerliche Würdigung dieser Vorgänge nicht selten Entsprechendes gilt. Zu nennen sind insbesondere:

Allgemeine Verdachtsanzeige

Nach einer im steuerlichen Verfahrensrecht angesiedelten Vorschrift sind Gerichte und Behörden von Bund, Ländern und kommunalen Trägern der öffentlichen Verwaltung verpflichtet, einen Verdachtsfall den Finanzbehörden mitzuteilen. Diese Mitteilungspflicht beschränkt sich auf Tatsachen, welche die Behörden und Gerichte dienstlich erfahren haben.

Geldwäscheverdachtsanzeige

Nach dem Geldwäschegesetz sind in erster Linie Kreditinstitute, aber auch andere Unternehmen oder Personen verpflichtet, Finanztransaktionen bei den Strafverfolgungsbehörden und der Zentralstelle für Verdachtsanzeigen beim Bundeskriminalamt anzuzeigen, wenn der Verdacht besteht, dass sie einer Geldwäsche dienen sollen. In der Sache betrifft diese Anzeigepflicht in erster Linie verdächtige Bargeldgeschäfte. Darüber hinaus können Umsätze, die nicht mit der Kundenanzahl korrespondieren, Transaktionen ohne wirtschaftlichen Hintergrund oder über unübliche Wege, insbesondere durch Einschaltung von ausländischen Banken, auf eine Geldwäsche hindeuten. Zu einer Anzeige ebenfalls verpflichtet sind Angehörige der rechts- und steuerberatenden Berufe, wie Rechtsanwälte, Wirtschaftsprüfer und Steuerberater, wenn sie wissen, dass ihr Mandant die Rechtsberatung bewusst für Zwecke der Geldwäsche in Anspruch nimmt. Für Informationen, welche die Genannten im Rahmen der Rechtsberatung oder

Prozessvertretung erhalten haben, besteht dagegen keine Anzeigepflicht. Näheres dazu fanden Sie schon in Kapitel IV.

Die Verdachtsanzeigen werden in der Regel an zentrale Stellen in den Landeskriminalämtern oder im Einzelfall an die zuständige Staatsanwaltschaft gerichtet. Enthält die Verdachtsanzeige Hinweise auf ein Steuerdelikt, wird die Steuerfahndung in Kenntnis gesetzt und gegebenenfalls von der Staatsanwaltschaft mit Ermittlungen beauftragt. Um die Zusammenarbeit mit den Landeskriminalämtern und den Staatsanwaltschaften zu verbessern, wurden in den meisten Steuerfahndungsstellen mittlerweile Sonderermittlungsgruppen für Geldwäsche eingerichtet. Umgekehrt sind die Finanzbehörden gesetzlich verpflichtet, den zuständigen Strafverfolgungsbehörden Tatsachen mitzuteilen, die auf eine Geldwäsche schließen lassen.

Mitteilung über Korruptionsverdacht

Gerichte, Staatsanwaltschaften oder Verwaltungsbehörden haben Tatsachen, die sie dienstlich erfahren und die den Verdacht für eine Vorteilsgewährung oder Bestechung im geschäftlichen Verkehr begründen – etwa Schmiergeldzahlungen oder Zahlungen „nützlicher Aufwendungen“ –, den Finanzbehörden für Zwecke des →Besteuerungsverfahrens und der Strafverfolgung mitzuteilen. Dies betrifft auch bestimmte Sachverhalte mit Auslandsberührung. Da für derartige Zuwendungen der Betriebsausgabenabzug versagt wird, ist die Überprüfung solcher Sachverhalte regelmäßig Gegenstand von Betriebsprüfungen. Ob umgekehrt eine Mitteilungspflicht der Finanzbehörden an die Staatsanwaltschaft oder die Verwaltungsbehörden besteht, ist überaus umstritten, weil darin ein Verstoß gegen das Steuergeheimnis gesehen wird.

4 „Teile und herrsche“ – Zugriff auf Daten anderer Behörden

Eine weitere bedeutende Informationsquelle der Finanzverwaltung ist der Datenaustausch mit anderen Verwaltungsbehörden. In Zeiten, in denen die behördlichen Datenbanken stärker miteinander vernetzt werden oder im Einzelfall ein gezielter Datenabgleich stattfindet, kann der Steuerbürger immer weniger darauf hoffen, dass die rechte Hand des Staates nicht weiß, was die linke Hand macht (oder ihrerseits weiß). Wie effektiv die Zusammenarbeit unterschiedlicher Behörden funktionieren kann, zeigen die Ende des Jahres 2004 aufgedeckten Betrugsfälle bei der Inanspruchnahme von BAföG-Leistungen. Diesen lag ein Abgleich von Daten der BAföG-Ämter mit den beim Bundeszentralamt für Steuern zentral gespeicherten Freistellungsaufträgen zu Grunde. Die Steuerfahndung kann insbesondere zugreifen auf Daten

- der Regulierungsbehörde für Post und Telekommunikation, insbesondere auf sämtliche Rufnummern in den Fest- und Mobilfunknetzen sowie auf persönliche Daten der Anschlussinhaber,
- der Landeseinwohnerämter (Meldestellen) und Gemeinden,
- der Gewerberegister und Landeskriminalämter,
- der für die Verwaltung von Kraftfahrzeugen zuständigen Landesbehörden und des Kraftfahrtbundesamtes,
- der Deutsche Post AG und deren Zusteller, die insbesondere Aufschluss über den Wohnsitz und den Aufenthalt einer Person, über die Lage von Wohn- und Geschäftsräumen oder über gestellte Nachsendeanträge geben können,
- der Schutzgemeinschaft für Allgemeine Kreditsicherung (Schufa) und
- des Schwarzarbeitsregisters der Zollverwaltung bei der Abteilung Finanzkontrolle Schwarzarbeit (FKS).

Die Aufzählung verdeutlicht, dass speziell für die Steuerfahndung viele Möglichkeiten existieren, steuerlich relevante Daten, wie etwa Informationen über den Aufenthaltsort einer Person oder deren geschäftliche Aktivitäten, zu erhalten. Dem jeweils Betroffenen dürfte in der Regel nicht bewusst sein, dass seine persönlichen und beruflichen Daten, die er anderen Behörden und Institutionen als den Finanzbehörden mitgeteilt hat (bzw. mit deren Weitergabe und Speicherung er sich einverstanden erklärt hat), in dieser Weise miteinander vernetzt werden können.

5 Außenprüfung (Betriebsprüfung)

Die steuerliche Außenprüfung, die bei Steuerpflichtigen mit gewerblichen, freiberuflichen oder land- und forstwirtschaftlichen Einkünften als Betriebsprüfung bezeichnet wird, bildet eine der wichtigsten Informationsquellen der Finanzverwaltung. In Abhängigkeit von der Größenklasse des Steuerpflichtigen wird dieser, wie im Falle von Großbetrieben, permanent (Anschlussprüfung), oder, wie im Falle von Mittel- und Kleinbetrieben, zumindest in (mehr oder weniger) regelmäßigen Abständen geprüft. Neben der klassischen Außenprüfung (Betriebsprüfung) gibt es eine Reihe von anlassbezogenen Spezialprüfungen, wie die Umsatzsteuer- und Lohnsteueraußenprüfung, die bestimmte Steuerarten betreffen, die Prüfung der Erstattung von Kapitalertragsteuer oder der Nichtvornahme des Steuerabzugs, die eine bestimmte Art der Steuererhebung betrifft, oder die Umsatzsteuer-Nachschau, eine weniger formalisierte Art der anlassbezogenen Überprüfung.

Die etwas anderen Prüfungen: Umsatzsteuer-Nachschau und „freiwillige" Prüfungen

Eine Außenprüfung (Betriebsprüfung) muss dem betroffenen Steuerpflichtigen durch eine Prüfungsanordnung in schriftlicher Form angekündigt werden. Aus dieser muss insbesondere der zeitliche und sachliche Umfang, d. h. die geprüften Besteuerungs- und Erhebungszeiträume oder der Besteuerungszeitpunkt und die geprüften Steuerarten erkennbar sein. Dieses in gewisser Hinsicht formalisierte Verfahren ist bei bestimmten Prüfungen der Finanzverwaltung nicht notwendig:

Bei der Umsatzsteuer-Nachschau handelt es sich – wie der Name bereits erkennen lässt – um keine Außenprüfung (Betriebsprüfung) im eigentlichen Sinne. Es ist ein besonderes Verfahren mit dem Ziel einer zeitnahen Aufklärung steuererheblicher Sachverhalte im Bereich der Umsatzsteuer. Insbesondere die Bekämpfung und Aufklärung so genannter Umsatzsteuer-Karussellgeschäfte erfordert eine wenig formalisierte Möglichkeit der Überprüfung, weil gerade in diesem Bereich nur mit einer zeitnahen

Überprüfung die Erschleichung von unberechtigten Umsatzsteuer-Erstattungen effektiv verhindert werden kann.

Im Rahmen einer Umsatzsteuer-Nachschau wird insbesondere festgestellt, ob die Voraussetzungen für eine Erstattung von Umsatzsteuer (so genannte Vorsteuer-Erstattungsanspruch) vorliegen. Daran fehlt es insbesondere, wenn die entsprechenden Umsatzsteuer-Voranmeldungen und Umsatzsteuererklärungen von einer →Scheingesellschaft abgegeben werden oder die in Rechnungen ausgewiesenen Lieferungen und sonstigen Leistungen nur auf dem Papier stattgefunden haben. Darüber hinaus können im Zuge einer Umsatzsteuer-Nachschau auch Amtshilfeersuchen anderer EU-Mitgliedstaaten erledigt werden.

Die Besonderheit gegenüber einer klassischen Außenprüfung (Betriebsprüfung), insbesondere in Form der Umsatzsteuer-Sonderprüfung, besteht darin, dass die Beamten bei einer Umsatzsteuer-Nachschau ohne vorherige Ankündigung die Geschäftsräume eines Steuerpflichtigen betreten dürfen, auch wenn diese teilweise zu Wohnzwecken genutzt werden. Das Betreten von Wohnräumen ist den Beamten hingegen nicht gestattet. Ihnen steht ebenfalls kein Durchsuchungs- oder Beschlagnahmerecht zu. Das mit dem unangekündigten Erscheinen einhergehende Überraschungsmoment macht den eigentlichen Wert dieser Prüfungsmöglichkeit aus, weil dem Betroffenen jede Möglichkeit genommen ist, die tatsächlichen und rechtlichen Verhältnisse im Vorfeld einer Prüfungsmaßnahme zu fingieren.

Der von einer Umsatzsteuer-Nachschau betroffene Steuerpflichtige muss auf Verlangen Aufzeichnungen, Bücher, Geschäftspapiere und andere Urkunden vorlegen und Auskünfte erteilen. Unabhängig davon, ob er sich kooperativ verhält oder nicht, haben die Beamten zudem die Möglichkeit, ohne vorherige Prüfungsanordnung zu einer klassischen Außenprüfung (Betriebsprüfung) – in der Regel zu einer Umsatzsteuer-Sonderprüfung – überzugehen.

Neben den gesetzlich verankerten Prüfungsverfahren, die besonderen Abteilungen des Finanzamts vorbehalten sind, setzt die Finanzverwaltung in jüngster Zeit zunehmend Beamte zu Prüfungszwecken ein, die bisher überwiegend Steuererklärungen und sonstige Anträge des Steuerpflichtigen im Innendienst bearbeitet haben. Diese Beamten überprüfen die Angaben in den Steuererklärungen in geeigneten Fällen nicht wie bisher am „Grünen Tisch“, sondern verschaffen sich – wie es im Gesetz heißt – durch

Einnahme des Augenscheins vor Ort ein Bild darüber, wie etwa ein in der Steuererklärung deklariertes Arbeitszimmer tatsächlich genutzt wird und welche Programme sich auf einem beruflich genutzten PC befinden. Zwar ist der Steuerbürger nicht verpflichtet, den Beamten Zutritt zu seinen Wohn- oder Geschäftsräumen zu verschaffen. Aus seiner Weigerung darf die Finanzbehörde jedoch entsprechende Schlüsse ziehen und (falls möglich) eines der genannten gesetzlich vorgesehenen Prüfungsverfahren einleiten.

Auch in anderen Tätigkeitsbereichen der Finanzverwaltung finden zunehmend externe Prüfungen statt. Seit Beginn des Jahres 2006 setzt die Berliner Finanzverwaltung zunächst in einer Pilotphase so genannte Liquiditätsprüfer ein, die mit der Ermittlung von Vollstreckungsmöglichkeiten, der Prüfung der Stundungsbedürftigkeit oder der wirtschaftlichen Situation eines Steuerpflichtigen betraut werden. Die in den Räumen des Steuerbürgers stattfindende Prüfung kann ebenfalls nur mit seiner Zustimmung erfolgen. Ob jedoch ein Steuerpflichtiger, der etwa einen im Ermessen der Finanzbehörde stehenden Stundungsantrag gestellt hat, de facto die Möglichkeit hat, eine solche Prüfung zu verweigern, darf bezweifelt werden.

Mitwirkungspflichten des Steuerpflichtigen – Spannungsverhältnis bei steuerstrafrechtlichen Ermittlungen

Ein in der Praxis nicht immer lösbares Spannungsverhältnis besteht bei einem Zusammentreffen von Außenprüfung und steuerstrafrechtlichen Ermittlungen. Der Außenprüfung (Betriebsprüfung) steht es nicht entgegen, dass gegen einen Steuerpflichtigen wegen entsprechender Ermittlungen der Steuerfahndung bereits ein Steuerstrafverfahren eingeleitet worden ist. Die Finanzrechtsprechung lässt sich von Zweckmäßigkeitserwägungen leiten, wonach es im freien Ermessen der Finanzbehörde stehe, ob sie den steuerlich erheblichen Sachverhalt durch Beamte der Betriebsprüfung oder durch die Steuerfahndung ermitteln lässt. Mit anderen Worten: Eine Betriebsprüfung kann grundsätzlich auch dann stattfinden, wenn gegen den Steuerpflichtigen ein wie auch immer gearteter Verdacht eines Steuerdelikts besteht.

Die eigentliche Problematik des Zusammentreffens von Außenprüfung (Betriebsprüfung) und steuerstrafrechtlichen Ermittlungen besteht darin, dass der Steuerpflichtige während einer Betriebsprüfung – wie auch sonst im →Besteuerungsverfahren – zu einer umfassenden Mitwirkung verpflichtet ist, wogegen ihn nach dem →Nemo-tenetur-Grundsatz keine Verpflichtung trifft, sich selbst zu belasten. Ausführungen dazu finden Sie in Kapitel IV.

In der Praxis ist häufig festzustellen, dass die Finanzbehörden auch bei einem konkreten Verdacht für ein Steuerdelikt eine Außenprüfung (Betriebsprüfung) „vorschalten" und diese in Einzelfällen dazu genutzt wird, Beweise und Verdachtsmomente zu sammeln, um mit Blick auf eine mögliche Steuerverkürzung ein vorsätzliches oder grob fahrlässiges Verhalten nachweisen zu können. Die jüngere Finanzrechtsprechung hat in Fällen, in denen ein Steuerpflichtiger während einer Außenprüfung – trotz bestehender Verdachtslage – über seine diesbezüglichen Mitwirkungspflichten konkludent getäuscht wurde, ein →Verwertungsverbot für die Erkenntnisse des Außenprüfers angenommen. Besteht ein unmittelbarer zeitlicher Zusammenhang zwischen einer Außenprüfung und steuerstrafrechtlichen Ermittlungen, sollte daher in der Praxis besonderes Augenmerk darauf gerichtet werden, zu welchem Zeitpunkt der Prüfer mutmaßlich den Verdacht für das Vorliegen eines Steuerdelikts hatte. Dies ist deswegen von Bedeutung, weil ein Prüfer nach der einschlägigen Dienstanweisung bereits dann zu einer Unterbrechung der Außenprüfung verpflichtet ist, wenn lediglich die Möglichkeit für die Durchführung eines Steuerstrafverfahrens besteht.

Digitale Betriebsprüfung

Einhergehend mit der verbesserten EDV-Ausstattung der Finanzverwaltung haben sich die Prüfungsmethoden stetig verbessert. Sämtliche Prüfer sind mit modernen Notebooks ausgestattet, die über leistungsfähige Software verfügen. Auch wenn sämtliche Buchführungsunterlagen nach wie vor in Papierform vorhanden sind und in dieser Form im Rechtsverkehr verwendet werden, hat im Bereich der Außenprüfung (Betriebsprüfung) das digitale Zeitalter begonnen.

Auf den Notebooks der Prüfer befindet sich insbesondere die Prüfungssoftware Win-IDEA, die bereits in mehr als 40 Ländern von Wirtschaftsprüfern und Revisoren, aber seit dem Jahr 2002 auch von der Steuerfahndung und der Betriebsprüfung als offizielle Prüfungssoftware eingesetzt wird. Die Besonderheit dieser Software besteht darin, dass sie über eine Vielzahl von Analysefunktionen verfügt und sämtliche gängigen Dateiformate lesen und verarbeiten kann. Dieses Programm dient der Finanzverwaltung insbesondere als Hilfsmittel beim digitalen Datenzugriff auf die elektronische Buchführung von Unternehmen.

Seit Anfang des Jahres 2002 muss bei einer elektronischen Buchführung sichergestellt sein, dass die Buchführungsdaten und die in diesem Zusammenhang sonst erforderlichen Aufzeichnungen während der Dauer der einschlägigen Aufbewahrungsfristen jederzeit für Prüfungszwecke verfügbar sind und unverzüglich computergestützt maschinell lesbar gemacht werden können. Der Datenzugriff kann dabei nach Wahl der Finanzverwaltung auf unterschiedliche Weise erfolgen:

Unmittelbarer Datenzugriff

Der Prüfer kann in Form eines Nur-Lesezugriffs Einsicht in die gespeicherten Daten nehmen. Dabei nutzt er die vom Steuerpflichtigen eingesetzte Hard- und Software. Der Nur-Lesezugriff umfasst das Lesen, Filtern und Sortieren der Daten unter Nutzung der im Datenverarbeitungssystem vorhandenen Auswertungsmöglichkeiten. Eine Fernabfrage in Form eines Online-Zugriffs ist nicht zulässig.

Mittelbarer Datenzugriff

Bei einem mittelbaren Datenzugriff erhält der Prüfer einen Nur-Lesezugriff auf gespeicherte Daten, die durch den Steuerpflichtigen nach den Vorgaben der Finanzverwaltung maschinell ausgewertet und aufbereitet worden sind. Eine maschinelle Auswertung und Aufbereitung kann dabei nur im Rahmen der Möglichkeiten erfolgen, die das Datenverarbeitungssystem des Steuerpflichtigen zulässt.

Datenträgerüberlassung

Schließlich kann der Datenzugriff auch in der Weise erfolgen, dass der Behörde ein maschinell auswertbarer Datenträger mit den entsprechenden Daten überlassen wird. Der zur Auswertung überlassene Datenträger ist spätestens nach Bestandskraft der aufgrund der Außenprüfung ergangenen Steuerbescheide zurückzugeben oder zu löschen.

Um einen unmittelbaren oder mittelbaren Datenzugriff zu gewährleisten, sind Steuerpflichtige, die ein elektronisches Datenverarbeitungssystem einsetzen, nach Auffassung der Finanzverwaltung verpflichtet, für nach dem 31. Dezember 2001 archivierte Daten entsprechende Hard- und Softwaresysteme vorzuhalten. Sofern die EDV eines Unternehmens – wie üblich – in regelmäßigen Abständen dem aktuellen Stand der Technik angepasst wird, muss daher eine Lesbarkeit der alten Datenträger bzw. Datenformate sichergestellt sein oder entsprechende EDV-Systeme bis zum Ablauf der einschlägigen Fristen von zehn bzw. sechs Jahren vorgehalten werden. Darüber hinaus muss bei der elektronischen Speicherung eine maschinelle Auswertbarkeit der Daten gewährleistet sein, weswegen etwa eine Speicherung im PDF-Format nicht zulässig ist.

Mit dem Einsatz von spezieller Prüfungssoftware werden grundsätzlich keine anderen Prüfungsziele verfolgt, als dies bei einer „konventionellen" Außenprüfung auf der Grundlage von Unterlagen in Papierform der Fall ist. Was jedoch bei nur in Papierform zur Verfügung stehenden Buchführungsunterlagen lediglich stichprobenartig und mühsam herausgesucht werden muss, kann mit Hilfe spezieller Analyseprogramme in erheblich kürzerer Zeit und mit größerer Intensität überprüft werden. Ein Steuerpflichtiger kann sich somit nicht in der trügerischen Sicherheit wiegen, dass bestimmte steuerlich relevante Sachverhalte bestenfalls durch Zufall der Finanzverwaltung bekannt werden.

Bei der elektronischen Auswertung macht sich die Finanzverwaltung auch mathematisch-statistische Methoden wie etwa den Chi-Quadrat-Test zunutze. Dieser Test basiert auf dem Phänomen, dass jeder Mensch unbewusst Lieblingsziffern hat und diese bei frei erfundenen Zahlen, insbesondere bei einer Manipulation von Kassen- und Buchführungsunterlagen, häufiger verwendet als andere Zahlen. Auf der anderen Seite gibt es statistisch gesehen eine gewisse Normalverteilung von Zahlen, wonach bei einer großen Menge von Zahlen eine Ziffer häufiger vorkommt als eine andere Ziffer. In Kenntnis dieser mathematisch-statistischen Zusammenhänge können mit dem Chi-Quadrat-Test auch umfangreiche Buchführungswerke auf grundsätzliche Unregelmäßigkeiten hin untersucht werden. Diese Methode ist zwar nicht geeignet, in einer Buchführung die konkret manipulierten Zahlen ausfindig zu machen. Eine erhebliche Abweichung von der Normalverteilung kann jedoch im Zusammenspiel mit weiteren Indizien für ein manipuliertes Zahlenwerk sprechen und eine eingehende Überprüfung nach sich ziehen.

Kontrollmitteilungen

Neben der Ermittlung und Überprüfung der Besteuerungsgrundlagen eines Steuerpflichtigen kann (und wird) eine Außenprüfung dazu genutzt, Kontrollmitteilungen über die steuerlichen Verhältnisse Dritter anzufertigen. Mit einer Kontrollmitteilung wird das für einen anderen Steuerpflichtigen zuständige Finanzamt über steuerlich erhebliche Sachverhalte in Kenntnis gesetzt, die anlässlich der Außenprüfung festgestellt wurden. Macht das geprüfte Unternehmen wegen einer empfangenen Leistung einen Betriebsausgabenabzug geltend, kann auf diese Weise überprüft werden, ob der Leistungserbringer die daraus resultierenden Einnahmen auch versteuert hat.

Hervorzuheben ist, dass Kontrollmitteilungen nur hinsichtlich solcher Sachverhalte zulässig sind, die anlässlich einer Außenprüfung festgestellt werden. Nicht zulässig ist es daher, eine Außenprüfung allein oder im Wesentlichen zum Zwecke der Fertigung von Kontrollmitteilungen über die steuerlichen Verhältnisse Dritter durchzuführen. Dies ist besonders bei der Überprüfung von Kreditinstituten relevant. Durch das Bankgeheimnis sind Guthabenkonten und Depots geschützt, bei deren Errichtung eine Legitimationsprüfung des Konto- oder Depotinhabers erfolgt ist. Wer sich mit anderen Worten bei der Konto- oder Depoteröffnung gegenüber seiner Bank ausgewiesen hat, braucht nicht zu befürchten, dass über den Bestand seines Kontos oder Depots eine Kontrollmitteilung an das zuständige Finanzamt übersandt wird. Das Verbot von Kontrollmitteilungen gilt jedoch nicht für Darlehenskonten.

Durch das Bankgeheimnis nicht geschützt sind jedoch die Eigenkonten der Bank, zu denen insbesondere die CpD-Konten („Konten pro diverse“) gehören. Dabei handelt es sich um Konten, die von den Kreditinstituten im Geschäftsverkehr zu anderen Kreditinstituten oder Niederlassungen als Verrechnungskosten genutzt werden. Das besondere Interesse der Finanzverwaltung an dieser Art Konten hängt damit zusammen, dass CpD-Konten in der Vergangenheit von den Kreditinstituten auch genutzt wurden, um im Interesse ihrer Kunden einen anonymen Geldtransfer ins Ausland zu gewährleisten.

Eine Fertigung von Kontrollmitteilungen über die aus CpD-Konten ersichtlichen steuerlichen Sachverhalte ist entgegen anders lautenden Urteilen des Bundesfinanzhofs nur zulässig, wenn diese anlässlich einer Außenprüfung festgestellt werden, d. h. wenn eine Prüfung der CpD-Konten für die Feststellung der steuerlichen Verhältnisse des Kreditinstituts überhaupt relevant ist. Kontrollmitteilungen dürfen sich nur als „Nebenprodukte“ einer Außenprüfung darstellen; allein zum Zweck der Überprüfung von Bankkunden sind sie rechtswidrig.

6 Elektronische Aufrüstung

Welche Möglichkeiten die heutigen elektronischen Ressourcen der Finanzverwaltung bieten, verdeutlicht ein Blick auf die im Einzelnen eingesetzte Software und die damit verbundenen Bestrebungen, die Verwertung elektronischer Daten und deren Austausch zwischen den einzelnen Finanzbehörden zu verbessern.

- Die Software *„Elektronischer Leitzordner“ (ELO)* ermöglicht eine zeitnahe Erfassung und Auswertung großer Datenmengen. Die Software wird hauptsächlich bei der Auswertung umfangreicher Beweismittel mit mehr als 10.000 Dokumenten eingesetzt. Dies betrifft insbesondere die Ermittlung und Aufklärung von Umsatzsteuer-Karussellgeschäften, bei denen die Täter Lieferungs- und Leistungsbeziehungen zwischen einer Vielzahl von inländischen und ausländischen Gesellschaften vortäuschen, um zu Unrecht eine Umsatzsteuererstattung zu erreichen. Um das ELO-System mit Daten zu versorgen, werden die in der Regel auf Papier vorhandenen Beweismittel eingescannt.

- Das neu entwickelte Auswertungs- und Steuerberechnungsprogramm *BpAEuro* wird in fast allen Bundesländern eingesetzt. Es ermöglicht auch in komplexen Fällen genaue Steuerberechnungen, die jederzeit an zwischenzeitlich gewonnene neue Erkenntnisse angepasst werden können. Die jeweiligen Besteuerungsgrundlagen sowie die daraus resultierende Steuer bzw. Mehrsteuer können von dem Programm für alle relevanten Steuerarten berechnet werden. Auf diese Weise ist insbesondere die Steuerfahndung in der Lage, zu jedem Zeitpunkt der Ermittlungen beurteilen zu können, ob der Steuerpflichtige eine Steuer schuldet und somit der objektive Tatbestand einer Steuerhinterziehung vorliegt. Insbesondere bei komplexen und schwierigen Steuerberechnungen, etwa bei mehrstufigen Konzernstrukturen, kann das Vorliegen einer Steuerverkürzung nur dann rechtssicher bejaht werden, wenn alle steuerlichen Auswirkungen und Wechselwirkungen zwischen den verschiedenen Steuerarten berücksichtigt wurden.

- Ein großes Manko bestand bisher darin, dass die Finanzbehörden der Bundesländer nicht bzw. nur sehr eingeschränkt miteinander vernetzt waren. Dies soll mit dem *„Föderalen integrierten standardisierten computergestützten Steuersystem (FISCUS)“* künftig behoben werden. Ziel ist es, in der Finanzverwaltung bundesweit eine einheitliche elektronische Aktenführung und Registratur einzurichten, die insbesondere die Verwendung von Mustervordrucken ermöglichen soll. Der bundesweite Austausch von Informationen und papierlosen Steuerakten soll nach dem derzeitigen Stand der Planungen in Echtzeit erfolgen. Gleichzeitig soll die Anbindung an das *„Staatsanwaltliche Verfahrensregister (ZStV)“* gewährleistet sein. Die Einführung eines solchen Systems setzt aber eine bundeseinheitlich gleiche EDV-Ausstattung der Finanzverwaltung mit besonders leistungsfähigen Rechnern voraus, die miteinander vernetzt werden können, was in der Praxis entsprechende Probleme mit sich bringt.

- Im Zuge der besseren Vernetzung der Finanzbehörden wird mit dem Projekt *„Koordinierte neue Softwareentwicklung der Steuerverwaltung (KONSENS)“* eine bundesweite Vereinheitlichung der Computerprogramme angestrebt. Teilbereiche dieses Projekts – wie die Vereinheitlichung von Stundung und Erlass, ein länderübergreifender Zugriff auf die Veranlagungssteuerkonten und die Vernetzung von Daten der Bußgeld- und Strafsachen sowie der Steuerfahndungsstellen – werden derzeit erprobt.

- Darüber hinaus werden auch Folgeprojekte von *FISCUS* und *KONSENS,* wie etwa die *„Elektronische Steuerakte (EStA)“,* getestet. Im Kern geht es bei diesen Projekten um die Etablierung eines einheitlichen Datenstandards, der Grundlage für eine Vernetzung und einen Austausch von Daten ist. In diese Richtung weisen auch die gesetzlich verankerten Möglichkeiten zur Zuweisung von Identifikationsmerkmalen für natürliche Personen (Identifikationsnummer) sowie Unternehmen und Gewerbetreibende (Wirtschafts-Identifikationsnummer). Die Identifikationsmerkmale werden künftig durch das Bundeszentralamt für Steuern vergeben, wobei der genaue Zeitpunkt für ihre Einführung noch nicht feststeht.

7 Kontenabrufverfahren – „Kontodaten frei Haus“

Seit dem 1. April 2005 können Finanzämter, aber auch andere Behörden wie etwa Sozial- oder BAföG-Ämter, unter Mitwirkung des Bundeszentralamtes für Steuern die Stammdaten von etwa 497 Millionen inländischen Konten und Depots mittels einer Online-Abfrage – gewissermaßen frei Haus – abrufen. Dabei macht sich der Fiskus Datenbestände zu Nutze, die ursprünglich für die Bekämpfung des Terrorismus und bestimmter schwerer Straftaten angelegt worden sind. Verfassungsrechtlichen Bedenken gegen die Möglichkeit des Kontenabrufs hat das Bundesverfassungsgericht vorläufig eine Absage erteilt und den Erlass einer einstweiligen Anordnung abgelehnt. Welche Entscheidung dagegen im Hauptsacheverfahren getroffen werden wird, ist derzeit noch völlig offen und lässt sich nicht abschließend beurteilen.

Das Kontenabrufverfahren hat sich nach anfänglichen Startschwierigkeiten, die insbesondere mit der Einrichtung der entsprechenden EDV-Schnittstellen zwischen Finanzverwaltung und der bei der Bundesanstalt für Finanzdienstleistungsaufsicht angesiedelten Kontenevidenzzentrale zusammenhängen, in der Praxis der Finanzämter etabliert. Im Jahr 2005 hat die Finanzverwaltung etwa 10.000 Abfragen vorgenommen, im Jahr 2006 wurde diese Zahl dem Vernehmen nach bereits Ende Januar erreicht. Für das Jahr 2007 soll eine tägliche Kapazität von bis zu 5.000 Abfragen erreicht werden. In der Kontenevidenzzentrale laufen die Kontostammdaten von mehr als 2.400 inländischen Banken und Sparkassen zusammen. Sämtliche Kreditinstitute sind nach dem Kreditwesengesetz verpflichtet, der Kontenevidenzzentrale laufend aktualisierte Daten über Konten und Depots ihrer Kunden zur Verfügung zu stellen. Dies sind insbesondere die Nummer, der Tag der Errichtung und Löschung, der Inhaber oder weitere Verfügungsberechtigte. Konto- oder Depotbestände bzw. Bewegungen auf dem Konto oder Depot können dagegen in diesem Verfahren nicht abgerufen werden. Die Daten von aufgelösten Konten oder Depots werden erst nach Ablauf von drei Jahren gelöscht. Die kurzfristige Auflösung von bisher verschwiegenen Konten oder Depots ist somit nicht geeignet, diese vor den Augen des Fiskus zu verbergen.

Sind dem Finanzamt erst einmal die Kontostammdaten bekannt, ist für das weitere Verfahren die entscheidende Hürde genommen. Bisher stand die Finanzverwaltung in Zweifelsfällen vor dem Problem, dass sie keine vollständige Übersicht über inländische Konten und Depots eines Steuerpflichtigen gewinnen konnte. Allgemeine Anfragen „ins Blaue hinein" waren bei mehr als 2.400 inländischen Instituten ohnehin faktisch ausgeschlossen und zudem durch das Bankgeheimnis verboten. Nunmehr bestehen solche Hemmnisse nicht mehr. Anhand der einmal gewonnenen Kontostammdaten kann das Finanzamt von dem Steuerpflichtigen detaillierte Auskünfte über seine Kapitalerträge, Veräußerungsgewinne oder sonstige Informationen zu einer bisher verschwiegenen Kontoverbindung verlangen. Auch wenn der Steuerpflichtige entsprechende Nachfragen ignoriert, besteht für das Finanzamt – in Kenntnis der genauen Kontostammdaten – die Möglichkeit, sich im Rahmen eines gezielten Auskunftsersuchens unmittelbar an das betroffene Kreditinstitut zu wenden. Es ist offensichtlich, dass eine solche Maßnahme für den Betroffenen überaus einschneidend ist und er ein hohes Interesse daran haben wird, sie zu vermeiden.

Von entscheidender Bedeutung ist die Frage, unter welchen Voraussetzungen das Finanzamt einen Kontenabruf veranlassen kann. Nach dem Wortlaut des Gesetzes muss zuvor ein entsprechendes Auskunftsersuchen an den Steuerpflichtigen nicht zum Ziel geführt haben oder von vornherein keinen Erfolg versprechen. Infolge der internen Verwaltungsvorschriften versteht das Finanzamt diese Voraussetzungen jedoch in einem äußerst weiten Sinne: Ein Kontenabruf ist danach bereits zulässig, wenn aufgrund konkreter Momente oder „allgemeiner Erfahrung" eine Abfrage angezeigt ist. Wann diese Voraussetzungen aus Sicht des Finanzamts konkret erfüllt sind, wird die Praxis zeigen.

Ein hohes Einkommen ohne entsprechende Einkünfte aus Kapitalvermögen, größere für das Finanzamt erkennbare Anschaffungen ohne entsprechend hohe Einkünfte oder Vermögen oder generell umfangreiche Einkünfte aus Kapitalvermögen könnten das Finanzamt auf den Plan rufen. Dem Betroffenen soll zwar zunächst Gelegenheit gegeben werden, selbst Auskunft über seine Konten und Depots zu erteilen. Eine vorherige Anfrage ist jedoch verzichtbar, wenn dadurch der Ermittlungszweck gefährdet würde. Ob das Verständnis der Finanzverwaltung in jeder Hinsicht mit dem Wortlaut des Gesetzes in Einklang steht, ist durchaus zweifelhaft. Abgesehen von Fällen, die wegen ihrer Größenordnung oder der Art ihrer Begehung in den Tätigkeitsbereich der Steuerfahndung fallen, ist kaum ein Fall denkbar, in dem nicht eine vorherige Anfrage beim Steuerpflichtigen das gebotene und verhältnismäßige Mittel darstellt. Dass ein Kontenabruf nicht die Regel, sondern gerade die Ausnahme sein muss, ist dem Anwendungserlass der Finanzverwaltung leider nicht mit der notwendigen Klarheit zu entnehmen. Insoweit ist zu befürchten, dass Kontenabrufe häufig ohne Wissen des Steuerpflichtigen heimlich stattfinden.

Auf der anderen Seiten stellen die Verwaltungsregelungen klar, dass der Steuerpflichtige über einen erfolgreichen Kontenabruf zumindest im Nachhinein informiert werden muss. Im Vorfeld soll der Betroffene bestenfalls allgemein auf die Möglichkeit eines Kontenabrufs hingewiesen werden. Die nachträgliche Information kann auf zwei Arten erfolgen: Decken sich die Angaben des Steuerpflichtigen mit den Erkenntnissen aus dem Kontenabruf, erfolgt ein kurzer Hinweis im Rahmen des Steuerbescheids, vermutlich im Erläuterungsteil. Stellt das Finanzamt jedoch eine Abweichung fest, wird der Betroffene grundsätzlich darüber informiert und um weitere Aufklärung gebeten.

Von dem genannten Grundsatz macht die Finanzverwaltung jedoch eine bedeutsame Ausnahme: Würde die vorherige Information über einen erfolgten Kontenabruf den Ermittlungszweck gefährden oder sich aus den „Umständen des Einzelfalls“ ergeben, dass eine Aufklärung durch den Beteiligten nicht zu erwarten sei, soll ein gezieltes Auskunftsersuchen an das betreffende Kreditinstitut auch ohne eine vorherige Information des Steuerpflichtigen zulässig sein. Die besondere Problematik dieser Vorgehensweise liegt darin, dass für den Betroffenen der Weg in die →Selbstanzeige regelmäßig ausgeschlossen ist. Von dem Kontenabruf und dem Auskunftsersuchen an das Kreditinstitut wird er möglicherweise erst durch die Einleitung eines Steuerstrafverfahrens erfahren. Da der Betroffene in der Regel erst im Nachhinein über einen Kontenabruf informiert wird, sind seine Rechtsschutzmöglichkeiten begrenzt. Er kann zwar vor dem Finanzgericht die Feststellung erstreiten, dass ein erfolgter Kontenabruf rechtswidrig war, oder sich gegen einen daraufhin erlassenen Steuerbescheid zur Wehr setzen. Ein Verwertungsverbot für die rechtswidrig gewonnenen Erkenntnisse dürfte daraus jedoch nicht resultieren. Wird der Steuerpflichtige ausnahmsweise im Vorfeld über einen drohenden Kontenabruf informiert, kann er nur versuchen, dies im Wege des →einstweiligen Rechtsschutzes zu verhindern.

Das Kontenabrufverfahren erweist sich somit als ein effizientes Kontrollinstrument der Finanzverwaltung. Ob es auch (in jeder Hinsicht) verfassungsgemäß ist, wird die voraussichtlich im Laufe des Jahres 2006 ergehende Entscheidung des Bundesverfassungsgerichts zeigen.

8 Internetfahndung – Die Datenkralle der Finanzverwaltung

Neben der besseren Vernetzung und Aufbereitung vorhandener und ermittelter Daten nutzt die Finanzverwaltung ihre Computersysteme auch unmittelbar zu Fahndungszwecken. Beim Bundeszentralamt für Steuern kommt unter dem Begriff *„XPIDER"* eine besondere Suchmaschine zum Einsatz. Das Programm soll in der Lage sein, im Internet vorhandene virtuelle Verkaufsplattformen jeder Art (Ebay, etc.) zu überprüfen, Querverbindungen zwischen An- und Verkäufern herzustellen und die so gewonnenen Daten mit externen Datenbanken wie dem Handelsregister oder internen Datenbanken abzugleichen. Das Programm soll zudem über eine „Text-Mining-Funktion" verfügen, die auch inhaltliche Aspekte von Internet-Seiten analysieren kann. Damit werden nur jene Internetseiten herausgefiltert, die spezielle Suchwörter enthalten und typische Merkmale für unternehmerische Tätigkeiten aufweisen.

XPIDER soll derzeit in der Lage sein, 2,5 Millionen Internetseiten pro Tag zu überprüfen. Die zunehmende Nutzung des Internets als Verkaufs- und Absatzmedium durch Unternehmen erfolgt somit nicht mehr in einem „rechtsfreien" Raum. Durch eine weitere Software, den *„Steuerlichen Internet-Abgleich (STINA)"*, sind zudem die erforderlichen EDV-Voraussetzungen vorhanden, um die von *XPIDER* gewonnenen Daten online den Steuerfahndungsstellen zu übermitteln. Dort können die Daten in enger Zusammenarbeit mit dem zuständigen Finanzamt mit den Angaben des Steuerpflichtigen in seinen Steuererklärungen verglichen werden.

Fazit

Bereits die Darstellung der inländischen Informationsquellen der Finanzverwaltung – die ausländischen Informationsquellen sind dem nachfolgenden Kapital vorbehalten – zeigt, wie umfangreich und weitgehend diese sind und wie wenig sich für den Steuerunehrlichen ein Entdeckungsrisiko prognostizieren lässt. Hinzu kommt, dass Vertreter der Steuerfahndung nach Auslaufen der Steueramnestie Ende März 2005 ganz offen (und durchaus nachvollziehbar) angekündigt haben, das vorhandene Instrumentarium extensiv zu nutzen. Wer die „letzte Ausfahrt“ Steueramnestie nicht genutzt habe, brauche nicht mit einer besonderen Milde der Finanzverwaltung zu rechnen.

Zudem sprechen die aus der täglichen Beratungspraxis gewonnenen (objektiven) Erkenntnisse eine eindeutige Sprache: Steuerhinterziehung lohnt sich (fast) nie, weil früher oder später, sei es durch eine →Selbstanzeige „freiwillig“ oder nach Eröffnung eines Steuerstrafverfahrens unfreiwillig, die hinterzogenen Steuern ganz oder teilweise nachgezahlt werden müssen. Hinzu kommen Hinterziehungszinsen von sechs Prozent pro Jahr und je nach Lage des Falles eine Geldbuße, ein Strafbefehl oder gar schlimmere Sanktionen. Die Kumulation der Belastungen kann zu einem signifikanten Verlust des hinterzogenen bzw. „versteckten“ Vermögens führen.

„Keine Ahnung, was die Erdlinge da abliefern"...

VI Grenzüberschreitende Irrtümer – Ausländische Informationsquellen der Finanzverwaltung

Dass sich Kapital angesichts einer drohenden Besteuerung als sprichwörtlich flüchtiges Reh erweist, lässt sich in der jüngeren deutschen Steuergeschichte anhand mehrerer „Fluchtwellen" nachweisen. Diese hatten ihre Ursache jeweils in Bestrebungen des deutschen Gesetzgebers, Kapitalvermögen effektiver zu besteuern. Die zwischenzeitliche Einführung einer „kleinen Kapitalertragsteuer" zum 1. Januar 1989, die bereits zum 1. Juli 1989 wieder aufgehoben wurde, führte zu einer ersten Welle von Geldtransfers in das benachbarte Ausland. Mit Einführung der Zinsabschlagsteuer zum 1. Januar 1993 kam es zu einer weiteren erheblich größeren Kapitalflucht aus Deutschland, die im Zuge der Bankenverfahren ab 1994 eine steuerliche und strafrechtliche Aufarbeitung erfuhr und zu spektakulären Durchsuchungen bei deutschen Kreditinstituten mit Dependancen im Ausland führte. Die vorerst letzte nachgewiesene Fluchtwelle setzte Anfang des Jahres 2005 mit der Einführung des Kontenabrufverfahrens in Deutschland ein und führte dem Vernehmen nach insbesondere bei österreichischen Kreditinstituten zu einem erheblichen Kundenzuwachs.

Abgesehen von Fällen, in denen Vermögen aus guten und nachvollziehbaren Gründen im Ausland verwaltet und (selbstverständlich) gegenüber dem Finanzamt deklariert wird, unterliegen nicht wenige Kapitalanleger dem Irrtum, ihr Vermögen sei in einer Steueroase einem deutschen Steuerzugriff wirksam entzogen. Die schützende Wirkung eines Bankgeheimnisses oder die fehlende Möglichkeit einer grenzüberschreitenden Zusammenarbeit im Bereich der Amts- und Rechtshilfe bei Fiskaldelikten kann in diesem Zusammenhang zwar nicht in Abrede gestellt werden. Doch wie steht es mit einem Erbfall, bei dem ein Erbe die „Familientradition" in der Schweiz fortsetzen möchte und der andere als öffentlich Bediensteter reinen Tisch machen muss? Wie kann verfahren werden, wenn der ausländische Notgroschen für signifikante Investitionen im Inland benötigt wird? Was passiert, wenn die Steuerfahndung von einem verschwiegenen Konto in Österreich erfährt und die neuen Möglichkeiten des Protokolls zum Europäischen Rechtshilfeabkommen nutzen möchte? Wie kann auf die Anfrage des Finanzamts reagiert werden, das durch die Zinsinformationsverordnung von einem Konto in Spanien erfahren hat, jedoch keine Kenntnis von der dortigen Immobilie hat?

Die Fragen verdeutlichen, dass die einem Steuersünder drohende Gefahr weniger darin besteht, dass in einer der üblicherweise verdächtigen Steueroasen das Bankgeheimnis abschafft oder die Informationspolitik in Zukunft liberaler gestaltet wird. Die eigentliche Gefahr für den Steuersünder besteht darin, dass (auch) im Ausland versteckte Gelder Spuren hinterlassen oder Situationen eintreten, die – wie das angesprochene Beispiel des Erbfalls – eine durchaus teure Offenbarung gegenüber den Finanzbehörden erforderlich machen. Informationsquellen der Finanzverwaltung über ausländische Sachverhalte sind insbesondere

- die EU-Zinsertragsteuerrichtlinie und Zinsinformationsverordnung,
- Bargeldkontrollen an EU-Grenzen und den Außengrenzen der Gemeinschaft,
- internationale Amts- und Rechtshilfe und
- spezielle Datensammlungen beim Bundeszentralamt für Steuern, vormals Bundesamt für Finanzen.

1 Zinsen transparent

Zum 1. Juli 2005 ist die innerhalb der Europäischen Union geltende und auf weitere Staaten Europas ausstrahlende EU-Zinsertragsteuerrichtlinie (EU-Zinsrichtlinie) in Kraft getreten. Der grundsätzlich vorgesehene automatische Austausch von Informationen stellt sicher, dass auch im Ausland erzielte Zinserträge von EU-Bürgern einer inländischen Besteuerung unterworfen werden. Die EU-Staaten Österreich, Belgien und Luxemburg sind während eines näher definierten Übergangszeitraums nicht verpflichtet, automatisch Auskünfte über Zinserträge zu übermitteln. Anstelle eines automatischen Informationsaustausches erheben diese EU-Mitgliedsstaaten auf die Zinseinkünfte von Anlegern mit steuerlichem Wohnsitz in anderen EU-Mitgliedstaaten eine Quellensteuer. Der Übergangszeitraum endet erst, wenn die Schweiz, Andorra, Liechtenstein, Monaco und San Marino umfassend Auskünfte auf entsprechende Anfragen erteilen und der Rat der Europäischen Union einstimmig zu der Auffassung gelangt ist, dass sich die USA zur Auskunftserteilung auf Anfragen im Sinne internationaler Abkommen verpflichtet haben. Da insbesondere die Schweiz und Liechtenstein nach derzeitiger Rechtslage nicht bzw. nur in Ausnahmefällen Auskünfte über Kapitalanlagen von Steuerausländern erteilen, könnte sich der Übergangszeitraum bei skeptischer Betrachtung durchaus als Dauerzustand erweisen und das eigentliche Ziel der Richtlinie – ein umfassender und automatischer Informationsaustausch – verfehlt werden.

Während des Übergangszeitraums gelten Quellensteuersätze von 15 Prozent bis zum 30. Juni 2008, 20 Prozent bis zum 30. Juni 2011 und 35 Prozent ab dem 1. Juli 2011. Die Quellensteuer wird nach dem Prinzip des *revenue sharing* in einer Quote von 25 zu 75 Prozent zwischen dem Quellen- und dem Wohnsitzstaat des Steuerpflichtigen aufgeteilt, wobei eine gegenseitige Kontrolle der teilnehmenden Staaten nicht vorgesehen ist. Nach Informationen der Bundesregierung hat die Schweiz im zweiten Halbjahr 2005 etwa 88 Millionen Euro Quellensteuer auf die Zinserträge von EU-Bürgern erhoben und davon rund 67 Millionen Euro an die betreffenden EU-Staaten abgeführt. Möchte der Anleger die Erhebung einer Quellensteuer vermeiden, hat er im Einzelfall die Möglichkeit, das ausländische Kreditinstitut zur Erteilung von Auskünften zu ermächtigen.

Um Wettbewerbsverzerrungen zu vermeiden, die aus der Einführung der EU-Zinsrichtlinie resultieren, erheben auch die Schweiz, Andorra, Liechtenstein, Monaco und San Marino seit dem 1. Juli 2005 einen Quellensteuerabzug auf die Zinserträge von EU-Bürgern. Gleiches gilt für die von der EU abhängigen bzw. mit ihr assoziierten Gebiete, insbesondere die britischen Kanalinseln sowie bestimmte Überseegebiete (British Virgin Islands, Cayman Islands, Niederländische Antillen etc.), die seit dem 1. Juli 2005 am automatischen Auskunftsaustausch teilnehmen bzw. eine Quellensteuer auf die Kapitalanlagen von EU-Bürgern erheben.

Der automatische Auskunftsaustausch, dessen Einzelheiten in Deutschland die Zinsinformationsverordnung regelt, erfolgt in der Weise, dass die ausländische Zahlstelle, in der Regel das ausländische Kreditinstitut, dem →Bundeszentralamt für Steuern Informationen über

- Identität und Anschrift des ausländischen Kapitalanlegers (wirtschaftlichen Eigentümers),
- Name und Anschrift des Kreditinstituts (bzw. der sonstigen Zahlstelle),
- die Kontonummer oder ein sonstiges Kennzeichen für die Forderung des wirtschaftlichen Eigentümers sowie
- den Gesamtbetrag der Zinsen oder Erträge übermittelt.

Eine wesentliche Schwachstelle der EU-Zinsrichtlinie ist die Beschränkung auf „Zinsen“. Als Zinszahlungen gelten gezahlte oder einem Konto gutgeschriebene Zinsen, Erträge aus Staatspapieren, Anleihen und Schuldverschreibungen einschließlich der damit verbundenen Prämien und Gewinne sowie bei Abtretung, Rückzahlung oder Einlösung der oben genannten Forderungen aufgelaufene oder kapitalisierte Zinsen. Nicht erfasst sind dagegen insbesondere Erträge aus Wertpapieren, Fonds und Derivaten. Da sich ein ausländisches Depot in der Regel aus einer Mischung der genannten Anlageformen zusammensetzt und die Erträge somit nicht ausschließlich auf Zinsen entfallen, betrifft der Informationsaustausch bzw. die Quellensteuer nur einen Teil der Erträge.

Eine weitere Problematik besteht darin, dass in den Anwendungsbereich der EU-Zinsrichtlinie nur natürliche Personen fallen. Anleger, welche die „Abschirmwirkung“ einer privaten (eigenen) Vermögensverwaltungsgesellschaft nutzen, fallen mit ihren Zinserträgen grundsätzlich aus dem

Anwendungsbereich heraus. Zu diesem Zweck werden auf dem Kapitalmarkt ab einer gewissen Mindestanlagesumme so genannte Ein-Mann-Fonds angeboten, aber auch →Stiftungen oder →Trusts genutzt, die als juristisch selbständige Einheiten für den Anleger als private Vermögensverwaltungsgesellschaft fungieren. Diese Gestaltungsmöglichkeiten sind den EU-Staaten nicht verborgen geblieben, weswegen derzeit intensive Abstimmungsgespräche darüber stattfinden, wie derartige Gebilde im Lichte der Richtlinie zu behandeln sind. Für ausländische Stiftungen und Trusts (Familienstiftungen) finden sich ohnehin im deutschen Außensteuergesetz besondere Besteuerungsregeln, die eine umfassende Zurechnung der Erträge bei den bezugs- oder anfallsberechtigten natürlichen Personen erlauben. Auch wenn die EU-Kommission wegen der Besteuerung ausländischer Familienstiftungen ein Vertragsverletzungsverfahren gegen die Bundesrepublik Deutschland eingeleitet hat, sind diese Regelungen trotz des Makels einer möglichen EU-Rechtswidrigkeit nach wie vor anwendbar.

Der automatische Auskunftsaustausch erfolgt mindestens einmal jährlich innerhalb von sechs Monaten nach Ende des Steuerjahres. Die Informationen über deutsche Kapitalanleger werden von der zuständigen ausländischen Behörde dem Bundeszentralamt für Steuern übermittelt, welche diese Informationen an das jeweils zuständige Finanzamt weiterleitet. Selbst wenn der Steuerpflichtige alles richtig deklariert hat oder sich innerhalb der steuerlichen Freibeträge bewegt, erhält das Wohnsitzfinanzamt auf diese Weise wertvolle Hinweise. So kann ein ausländisches Konto in beliebten Ferienländern etwa auf eine dort erworbene Immobilie hinweisen. Stammt der Kaufpreis für die Immobilie aus dubiosen Quellen (Schwarzgeld) oder wurden etwaige Mieteinkünfte nicht im Rahmen des Progressionsvorbehaltes berücksichtigt, kann sich der Hinweis auf ein ausländisches Konto durchaus als entscheidender Ermittlungsansatz für die Finanzverwaltung erweisen.

2 Haben Sie etwas zu verzollen?

Ein wichtiges Element bei der Bekämpfung der Geldwäsche bildet die Überwachung des grenzüberschreitenden Bargeldverkehrs durch die Beamten der Zollverwaltung und der Bundespolizei, vormals Bundesgrenzschutz. Auf entsprechende Nachfrage der Beamten – eine generelle Deklarationspflicht besteht nach geltendem Recht nicht – müssen Bargeld oder gleichgestellte Zahlungsmittel am Grenzübergang angezeigt werden, wenn die Freigrenze von 15.000 Euro überschritten wird. Bei der gemeinsamen Nutzung eines Pkw gilt die Freigrenze pro Person, wenn die einzelnen Bargeldbeträge eindeutig zugeordnet werden können. Die Anzeigepflicht umfasst insbesondere

- den genauen Betrag,
- die Herkunft des Geldes,
- die Person des wirtschaftlichen Berechtigten, d. h. die Person, der die Gelder im eigentlichen Sinne zustehen, und
- den Verwendungszweck.

Derartige Kontrollen sind in der Bundesrepublik Deutschland im grenznahen Raum möglich und betreffen sowohl die Grenzen zu EU-Mitgliedstaaten als auch die Außengrenzen der EU. Der grenznahe Raum umfasst bei einer Landgrenze grundsätzlich eine Zone von 30 km, kann jedoch durch Rechtsverordnung ausgedehnt werden. Kontrolliert werden die Autobahnübergänge, die Flug- und Seehäfen sowie der internationale Bahnverkehr. Einen besonderen Schwerpunkt bilden die Grenzen zu den einschlägig bekannten europäischen Steueroasen, aber auch zu Drittstaaten, die als „Schleichwege“ zum eigentlichen Ziel genutzt werden können. Wer gegenüber den Beamten auf entsprechende Nachfrage seiner Anzeigepflicht mit schlüssigen Angaben nachkommt und nicht den Verdacht für das Vorliegen einer Geldwäsche erregt, kann die Reise mit seinem je nach Perspektive großen oder kleinen Vermögen ungehindert fortsetzen. Anhaltspunkte für einen Geldwäscheverdacht sind insbesondere

- die Anzeige von Zahlungsmitteln in Höhe von 15.000 Euro oder mehr (erst) nach zweimaligem Befragen,
- der Transport ungewöhnlich hoher Bargeldbeträge für Firmen ohne Beauftragung von Sicherheitsunternehmen,
- ein zweifelhafter wirtschaftlicher Hintergrund der kontrollierten Person bei behaupteter eigener wirtschaftlicher Berechtigung,
- das Unvermögen, genaue Angaben über den Betrag und die Stückelung des Geldes zu machen,
- der Transport des Geldes in besonders hergerichteten (Schmuggel-) Verstecken,
- eine auffällige Stückelung des Geldes, große Summen in kleinen Scheinen sowie
- ein Missverhältnis zwischen Reisedauer und Dauer des Aufenthalts am Herkunfts- oder Zielort.

Wer die Freigrenze überschreitet und bei einer Kontrolle seiner Anzeigepflicht nicht nachkommt, riskiert, dass die Zollbeamten das Geld in Verwahrung nehmen und eine genaue Aufklärung durch die Zollfahndung (Clearing) veranlassen. Unabhängig davon, ob sich der Geldwäscheverdacht erhärtet oder nicht, sind die Zollbeamten verpflichtet, unverzüglich die für die betreffende Person zuständige Staatsanwaltschaft über die Sicherstellung zu unterrichten. Darüber hinaus können auch die zuständigen Finanzbehörden, insbesondere die Steuerfahndung, über einen Bargeldfund informiert werden, wenn dies für ein Verwaltungs- oder Steuerstrafverfahren von Bedeutung sein kann, d. h. insbesondere, wenn der Verdacht auf Steuerhinterziehung vorliegt.

Die Beamten der Zollverwaltung und der Bundespolizei können die Finanzbehörden jedoch auch dann über ihre Erkenntnisse unterrichten, wenn die Freigrenze von 15.000 Euro unterschritten wird und kein Geldwäscheverdacht besteht. Der Wortlaut des einschlägigen Zollverwaltungsgesetzes lässt diese Möglichkeit ausdrücklich zu. Eine angeblich vorhandene Dienstanweisung, wonach die Zollbediensteten die Finanzbehörden nur bei gleichzeitigem Vorliegen eines Geldwäscheverdachts informieren dürfen, soll dem Vernehmen nach mittlerweile wieder zurückgenommen worden sein.

Wer seinen Anzeigepflichten nicht oder nicht vollständig nachkommt, riskiert im Übrigen eine Geldbuße, die bei vorsätzlichem Handeln bis zur Hälfte, bei fahrlässigem Handeln bis zu einem Viertel des mitgeführten Betrages betragen kann. In einem besonders schweren Fall kann die Geldbuße sogar die Höhe des mitgeführten Betrags erreichen. Ein besonders schwerer Fall liegt bereits dann vor, wenn die Zahlungsmittel am Körper, in der Kleidung, im Gepäck oder auf sonst schwer zu entdeckende Weise verborgen werden. Zu beachten ist in diesem Zusammenhang, dass es sich bei der jeweiligen Höhe der Geldbuße um den oberen Grenzwert handelt („bis zu"), der nicht in jedem Fall automatisch verhängt wird.

Nach einer ab 15. Juni 2007 geltenden EG-Verordnung, die zu einer entsprechenden Änderung der gesetzlichen Bestimmungen über die Bargeldkontrolle führen wird, werden sich die Kontrollen an den EU-Außengrenzen noch verschärfen. Zentral sind folgende Punkte:

- Die Anzeigepflicht auf Verlangen wird durch eine generelle Anmeldepflicht ersetzt und besteht in gleicher Weise bei einem Verlassen der EU und einer Einreise in die EU.

- Die Freigrenze von 15.000 Euro sinkt auf einen Betrag von 10.000 Euro.

- Über die derzeit geltenden Bestimmungen hinaus umfasst die Anzeigepflicht Angaben zum vorgesehenen Empfänger der Barmittel, zum Reiseweg und zum Verkehrsmittel.

Die geltenden Regelungen zur Bargeldkontrolle und der Ausblick auf die zukünftige gesetzliche Entwicklung zeigen, dass auch an dieser Stelle die Maschen des behördlichen Fahndungsnetzes enger werden. Wer größere Mengen Bargeld aus mehr oder weniger dubiosen Quellen über die Grenze bringt, geht dabei ein immer weniger kalkulierbares Risiko ein.

3 Internationale Amts- und Rechtshilfe

So wie in den vergangenen Jahren inländische Behörden ihren Informationsaustausch intensiviert haben, wurde auch die grenzüberschreitende Kooperation mit ausländischen Behörden verbessert. Eine abschließende und vollständige Beschreibung der Möglichkeiten der internationalen Amts- und Rechtshilfe ist schwierig, weil sich die Finanzbehörden auf eine Vielzahl von Rechtsgrundlagen stützen können. Zu nennen sind insbesondere:

- (bilaterale) Doppelbesteuerungsabkommen;
- das EG-Amtshilfe-Gesetz und die EG-Amtshilfe-Richtlinie (und mit anderen Staaten vereinbarte bilaterale Amtshilfeabkommen);
- das Europäische Rechtshilfeübereinkommen (und mit anderen Staaten vereinbarte bilaterale Rechtshilfeabkommen);
- das Schengener Durchführungsübereinkommen (SDÜ).

Der grundlegende Unterschied zwischen Amts- und Rechtshilfe besteht darin, dass die grenzüberschreitende Zusammenarbeit bei der Amtshilfe einem „normalen" →Besteuerungsverfahren und im Bereich der Rechtshilfe einem (Steuer-)Strafverfahren dient. Gemeinsam ist beiden Verfahren, dass die Finanzbehörden auf diese Weise über steuerlich relevante Auslandssachverhalte informiert werden. Um das Instrumentarium der Amts- und Rechtshilfe effektiv nutzen zu können, gibt das Bundesministerium der Finanzen in regelmäßigen Abständen ein Merkblatt zur „zwischenstaatlichen Amtshilfe durch Auskunftsaustausch in Steuersachen" heraus, welches die Möglichkeiten genau schildert und mehrsprachig gestaltete Formulare enthält.

Doppelbesteuerungsabkommen (DBA)

In erster Linie sollen Doppelbesteuerungsabkommen (DBA) – wie die Bezeichnung verdeutlicht – die Doppelbesteuerung von Einkommen vermeiden, wobei die Abkommen auch zunehmend Regelungen zur Vermeidung einer grenzüberschreitenden Nicht- bzw. Minderbesteuerung enthalten. Regelmäßiger Bestandteil der von der Bundesrepublik Deutschland abgeschlossenen DBA sind besondere Regelungen zum Informationsaustausch. Dabei ist grundlegend zwischen einer großen →Auskunftsklausel (großer Auskunftsaustausch) und einer kleinen Auskunftsklausel (kleiner Auskunftsaustausch) zu unterscheiden.

Eine große Auskunftsklausel, die sich in den Abkommen mit den meisten Industrienationen (mit Ausnahme der Schweiz und Japan) findet, sieht einen denkbar umfassenden Informationsaustausch vor. Dieser bezieht sich entweder auf sämtliche unter das DBA fallende Steuern oder auf alle Steuern, die von den Vertragsstaaten des DBA und ihren Gebietskörperschaften erhoben werden. Neben Informationen, die zur Verteilung der Besteuerungsrechte erforderlich sind, tauschen die zuständigen Behörden auch steuerlich relevante Informationen aus, die der ersuchende Staat benötigt, um innerstaatliche Ansprüche durchzusetzen. Auskünfte können etwa über die Richtigkeit von Tatsachenbehauptungen oder über Beweismittel angefordert werden, die zur steuerlichen Beurteilung erforderlich sind. Eine umfassende Auswertung ist sowohl für Zwecke des Besteuerungs- als auch zur Durchführung eines Steuerstrafverfahrens zulässig. Dagegen erfolgt der Informationsaustausch bei einer kleinen Auskunftsklausel nur in dem Umfang, wie er zur Anwendung des jeweiligen DBA notwendig ist. Ein Informationsaustausch auf der Grundlage einer kleinen Auskunftsklausel findet somit nur statt, wenn zwischen den Vertragsstaaten Unklarheit darüber besteht, wem das Besteuerungsrecht für bestimmte Einkünfte (oder für bestimmtes Vermögen) zusteht.

Neben einem Informationsaustausch auf ein konkretes Ersuchen hin können ebenfalls Spontanauskünfte (internationale Kontrollmitteilungen) „unaufgefordert“ erfolgen oder bestimmte Informationen als Routineauskünfte automatisch ausgetauscht werden. Die inhaltliche Qualität der ausgetauschten Informationen richtet sich danach, ob das betreffende DBA einen kleinen oder einen großen Auskunftsaustausch vorsieht. Unter quantitativen Gesichtspunkten hat sich der zwischenstaatliche Informationsaustausch zum Massenfallrecht entwickelt. So hat das Bundeszentralamt für Steuern, seinerzeit noch Bundesamt für Finanzen, – unter Berücksichtigung der nachfolgend besprochenen EG-rechtlichen Bestimmungen – im Jahr 2003 rund 150.000 „ersuchensunabhängige“ Auskünfte an andere Staaten erteilt und etwa 500.000 solcher Auskünfte aus dem Ausland erhalten. Tendenz steigend!

EG-Amtshilfe-Gesetz

Auch wenn auf politischer Ebene nicht selten erhebliche Interessengegensätze zwischen den EU-Mitgliedstaaten zu verzeichnen sind, leisten sich die Finanzbehörden in großem Umfang gegenseitige Amtshilfe durch Austausch von Auskünften. Rechtliche Grundlage dafür ist die EG-Amtshilfe-Richtlinie, deren Vorgaben in Deutschland durch das EG-Amtshilfe-Gesetz umgesetzt worden sind. In diesem Bereich kann es ganz oder teilweise zu einer Überschneidung mit den bereits erwähnten Regelungen der DBA kommen, weil sowohl nach der EG-Amtshilfe-Richtlinie bzw. dem EG-Amtshilfe-Gesetz als auch den Regelungen der DBA ein Austausch von steuerlich relevanten Auskünften möglich ist.

Als Arten der Auskunftserteilung sind die bei den DBA genannten Formen (Ersuchen, Spontanauskünfte und automatische Auskünfte) möglich. Auf Ersuchen eines anderen EU-Mitgliedstaats werden die für eine Steuerfestsetzung oder -erhebung erforderlichen Auskünfte erteilt, aber auch Steuerbescheide oder sonstige behördliche Entscheidungen zugestellt. Im Gegensatz zu den allgemein gehaltenen Regelungen der DBA sind Spontanauskünfte auf der Grundlage des EG-Amtshilfe-Gesetzes nur zulässig, wenn tatsächliche Anhaltspunkte die Vermutung rechtfertigen, dass in dem anderen EU-Mitgliedstaat die Steuern aus im Einzelnen näher bestimmten Gründen – die im EG-Amtshilfe-Gesetz in einem Katalog fixiert sind – nicht in zutreffender Höhe festgesetzt oder erhoben werden. Der Bundesfinanzhof hat in einem Anfang des Jahres 2006 ergangenen Beschluss für den umgekehrten Fall einer Spontanauskunft des deutschen Fiskus an einen anderen EU-Mitgliedstaat vergleichsweise hohe Anforderungen hinsichtlich dieser Gründe gestellt und im entschiedenen Fall eine Spontanauskunft für unzulässig erklärt. Dem ist das Bundesministerium der Finanzen in einem BMF Schreiben entgegen getreten.

Bei automatischen Auskünften handelt es sich um die regelmäßige, systematische Übermittlung zuvor festgelegter Informationen über gleichartige Sachverhalte. Ein solcher Informationsaustausch ist nur bei bestimmten Gruppen von Sachverhalten möglich, insbesondere im Bereich der grenzüberschreitenden Überlassung von Arbeitnehmern, der Vergütung von Vorsteuer (Umsatzsteuer) und der grenzüberschreitenden Lieferung neuer Fahrzeuge. Voraussetzung ist eine entsprechende Verwaltungsvereinbarung mit dem jeweils anderen EU-Mitgliedstaat, in der die Einzelheiten der Kooperation geregelt sind.

Eine besondere Form der grenzüberschreitenden Zusammenarbeit bilden so genannte Simultanprüfungen, bei denen eine Außenprüfung (Betriebsprüfung) von grenzüberschreitend strukturierten Unternehmen zeitgleich in mehreren Staaten stattfindet. Die Anbahnung und Koordinierung solcher Prüfungen obliegt grundsätzlich dem Bundeszentralamt für Steuern, kann jedoch an die zuständigen Finanzministerien der Länder delegiert werden.

Protokoll zum Europäischen Rechtshilfeübereinkommen

Das Europäische Übereinkommen über die Rechtshilfe in Strafsachen, welches insbesondere Regelungen zur grenzüberschreitenden Zusammenarbeit bei der Verfolgung von Straftaten enthält, wurde durch ein Anfang 2006 in Kraft getretenes Protokoll zu diesem Übereinkommen in Bezug auf die Ermittlungsmöglichkeiten von ausländischen Bankkonten erheblich erweitert. Werden steuerstrafrechtliche Ermittlungen gegen eine Person geführt, sind die EU-Mitgliedstaaten, die das Protokoll in nationales Recht umgesetzt haben, unter bestimmten Voraussetzungen verpflichtet, umfassende Informationen zu Bankkonten und Bankgeschäften mitzuteilen.

Ein von der Bundesrepublik Deutschland an einen anderen EU-Mitgliedstaat gerichtetes Ersuchen aufgrund des Protokolls kann auf

- die Feststellung von Bankkonten (Kontostammdaten),
- die Übermittlung von Angaben über bestimmte Bankkonten und Bankgeschäfte (Kontostände und Kontobewegungen) sowie
- die Überwachung von Bankgeschäften und Bankkonten gerichtet sein.

Im Gegensatz zu sonstigen Rechtshilfehandlungen, wie der Auslieferung strafrechtlich verfolgter oder verurteilter Personen, stehen die Ermittlungsmöglichkeiten zu Bankkonten nicht unter einem Fiskalvorbehalt. Danach ist die Ablehnung eines Rechtshilfeersuchens möglich, wenn die Tathandlung nach innerstaatlichem Steuerrecht nicht als Steuerstraftat, sondern z. B. lediglich als Ordnungswidrigkeit verfolgt wird.

Nach den Regelungen des Protokolls ist der ersuchte Mitgliedstaat – vergleichbar dem nationalen Kontenabrufverfahren in Deutschland – verpflichtet, die Stammdaten sämtlicher Konten mitzuteilen, die der betreffenden Person zuzuordnen sind. Dies umfasst ebenfalls aufgelöste Konten sowie Konten, die eine Person kontrolliert oder für die eine Person Vollmacht besitzt. Zur Übermittlung von Informationen über eine Kontovollmacht ist der ersuchte Mitgliedstaat jedoch nur verpflichtet, wenn er besonders darum ersucht wurde und dies unter Berücksichtigung von Bedeutung und Dringlichkeit mit einem vertretbaren Ermittlungsaufwand möglich ist.

Darüber hinaus übermittelt der Mitgliedstaat Angaben über Bankgeschäfte, die während eines bestimmten Zeitraums getätigt wurden, einschließlich der Angaben über sämtliche Überweisungs- und Empfängerkonten. Dem ersuchenden Mitgliedstaat soll damit ermöglicht werden, die entsprechenden Zahlungsflüsse nachzuvollziehen. Diese Möglichkeit bestand zwar bereits vor Inkrafttreten des Protokolls, jedoch standen die Ermittler regelmäßig vor dem Problem, dass ihnen die genauen Kontostammdaten nicht bekannt waren und somit ein gezieltes Auskunftsersuchen nicht möglich war. Dieses Ermittlungshindernis ist durch die Abfragemöglichkeit der Kontostammdaten nunmehr beseitigt und soll dem Vernehmen nach insbesondere im Verhältnis zu Österreich verstärkte Auskunftsersuchen nach sich ziehen. Hintergrund ist der Umstand, dass nach Inkrafttreten des Kontenabrufverfahrens in Deutschland insbesondere österreichische Kreditinstitute verstärkt für eine Geldanlage im „kontenabfragefreien“ Ausland geworben hatten. Zudem zählt Österreich – wie dargelegt – zu jenen Staaten, die an der gegenseitigen Auskunftserteilung über Zinserträge nach der EU-Zinsrichtlinie nicht teilnehmen.

Ein Ersuchen auf der Grundlage des Protokolls, welches insbesondere auf eine Übermittlung von Kontostammdaten oder Konto- und Depotständen abzielt, ist insbesondere an folgende Voraussetzungen geknüpft:

1. Zunächst müssen strafrechtliche Ermittlungen geführt werden, d. h. gegen die betreffende Person muss ein Steuerstrafverfahren eröffnet worden sein. Dies setzt einen strafrechtlichen Anfangsverdacht voraus, der nur gegeben ist, wenn zureichende tatsächliche Anhaltspunkte für das Vorliegen einer Steuerstraftat bestehen. Dabei ist zu berücksichtigen, dass ein Steuerstrafverfahren bereits durch zielgerichtete tatsächliche Ermittlungen der Steuerfahndung eingeleitet wird, ohne dass es insoweit auf einen bestimmten formalen Akt ankäme. Ein Auskunftsersuchen auf der Grundlage des Protokolls setzt somit eine erheblich konkretisierte Verdachtslage gegen einen Steuerpflichtigen voraus. Ungereimtheiten in einer Steuererklärung oder die bloße Möglichkeit einer

verschwiegenen Geldanlage im Ausland genügen nicht, um einen solchen Verdacht zu begründen. Vielmehr ist eine konkrete „Auslandsspur" notwendig. Diese kann sich im Einzelfall aus einer Vielzahl von Gründen ergeben, weswegen die Hürde für die Einleitung eines Steuerstrafverfahrens in der Praxis nicht sonderlich hoch ist. Oftmals genügt bereits die anonyme Anzeige eines geschiedenen Ehepartners oder eines entlassenen Mitarbeiters, eine Bargeldkontrolle an der Grenze, bei der ungewöhnlich große Mengen Bargeld, Konto- oder Depotauszüge aufgefunden werden oder entsprechende Ermittlungsergebnisse auf der Grundlage eines Kontenabrufs nach den nationalen Vorschriften.

2. Als weitere Voraussetzung muss die in Deutschland verfolgte Straftat, etwa die einfache Steuerhinterziehung, im ersuchten EU-Mitgliedstaat mit einer bestimmten Mindeststrafe bedroht sein. Diese Voraussetzung ist z. B. im Verhältnis zu Österreich erfüllt, weil nach dortigem Recht die Abgabenhinterziehung entsprechend bestraft wird, nicht dagegen jedoch im Verhältnis zu Luxemburg, wo die einfache Steuerhinterziehung als Ordnungswidrigkeit nur mit einer Geldbuße sanktioniert ist. Wegen einfacher Steuerhinterziehung ist damit ein auf der Grundlage des Protokolls an Luxemburg gerichtetes Auskunftsersuchen nach derzeitiger Rechtslage nicht möglich.

Hervorzuheben ist, dass ein Auskunftsersuchen nach dem Protokoll vertraulich zu behandeln ist, weswegen für den Betroffenen faktisch keine Rechtsschutzmöglichkeiten bestehen. Nicht zuletzt deswegen sollte diese Erkenntnisquelle der Finanzverwaltung durchaus ernst genommen werden. Dies gilt insbesondere, wenn die aus einem nationalen Kontenabruf gewonnenen Erkenntnisse Grundlage eines Auskunftsersuchens nach dem Protokoll werden und eine Kette von „stillschweigenden" Ermittlungsmaßnahmen auslösen.

4 Zentrale Datenbanken beim Bundeszentralamt für Steuern

Das →Bundeszentralamt für Steuern beschäftigt insgesamt 850 Mitarbeiter, welche in vier Abteilungen und einer Vielzahl von Referaten auf einem fachlich hohen Niveau arbeiten. Ein Schwerpunkt der Arbeit bildet die Aufdeckung und Ermittlung grenzüberschreitender bzw. ausländischer Sachverhalte.

Hervorzuheben ist die beim Bundeszentralamt für Steuern angesiedelte Informationszentrale Auslandsbeziehungen (IZA). Dort werden zentral Daten über Auslandssachverhalte gesammelt, insbesondere Informationen über

- grenzüberschreitende „Beziehungen" von Steuerinländern und Steuerausländern, d. h. Personen, die im In- oder Ausland ansässig sind und jeweils grenzüberschreitend steuerlich relevant agieren;

- Auswertungen von Meldungen der Steuerpflichtigen über ihre Auslandsbeziehungen und Feststellungen über die deutsche „Beherrschung" eines ausländischen Unternehmens;

- Konzerne mit Konzernspitze im Ausland;

- die Bundeskartei für beschränkt Steuerpflichtige und ausländische Unternehmen, die im Inland der Umsatzsteuerpflicht unterliegen;

- Steueroasen, Domizile (Briefkastenadressen in Steueroasen) und dort ansässige Domizilhalter (Berater, Treuhänder, Wirtschaftsprüfer);

- Register-, Handels-, Wirtschafts-, Investitions-, Währungs- und steuerliche Fragen (allgemeiner Informationsdienst).

Die zentrale Sammlung von Daten über Auslandssachverhalte ermöglicht der Finanzverwaltung insbesondere bei einer Außenprüfung von Unternehmen, einzelne Informationen daraufhin zu überprüfen, ob diese bereits im Zusammenhang mit anderen Steuerfällen dem Bundeszentralamt für Steuern mitgeteilt wurden. Auf diese Weise können größere Zusammenhänge erkannt und neue Ermittlungsansätze gewonnen werden. Neben Simultanprüfungen, die durch das Bundeszentralamt für Steuern angebahnt bzw. koordiniert werden, kann die Behörde auch speziell geschulte Prüfer zu Außenprüfungen (Betriebsprüfungen) inländischer Steuerpflichtiger entsenden, sofern grenzüberschreitende Sachverhalte zu prüfen sind.

Neben der Datensammlung IZA werden beim Bundeszentralamt für Steuern weitere Daten zentral gespeichert und ausgewertet. Dies gilt insbesondere für sämtliche von den Kreditinstituten mitgeteilten Freistellungsaufträge, woraus die Höhe und die Verteilung der Freistellungsaufträge auf die einzelnen Kreditinstitute ersichtlich werden. Auskünfte zu erteilten Freistellungsaufträgen werden den Finanzämtern auf Anfrage gegeben. Weitere Referate widmen sich der Umsatzsteuerbetrugsbekämpfung, Verfahren zur Kontrolle der Umsatzsteuer, dem nationalen Kontenabrufverfahren und der Zuweisung von einheitlichen Identifikationsmerkmalen für Steuerpflichtige.

Fazit

Die ausländischen Informationsquellen der Finanzverwaltung sind naturgemäß nicht so weitreichend wie ihr inländisches Pendant. Gleichwohl haben die Behörden auch den Zugang zu diesen Informationen in den vergangenen Jahren stetig verbessert. Zu nennen sind insbesondere die aktuellen Entwicklungen im Bereich der Amts- und Rechtshilfe sowie die Einführung der EU-Zinsertragsteuerrichtlinie. Die im Laufe des Jahres 2007 eintretende Verschärfung bei den gesetzlichen Bestimmungen zur Bargeldkontrolle an den EU-Außengrenzen lässt erkennen, in welche Richtung die Reise geht. Das gemeinsame Ziel einer effektiven Bekämpfung der Geldwäsche, dem sich in Europa mittlerweile kein Staat mehr entziehen kann, könnte sich in Zukunft als der entscheidende Hebel erweisen, einen umfassenden, auch für steuerliche Zwecke nutzbaren Informationsaustausch zu etablieren.

„Ah, da haben wir ja noch ein paar schwarze Kassen..!“

VII Um 9:00 Uhr klingeln die Ermittler – Durchsuchung von Wohn- und Geschäftsräumen

Mit Ermittlungsmaßnahmen der Staatsanwaltschaft oder der Steuerfahndung wird der Betroffene in der Regel überraschend konfrontiert. Als besonders einschneidend wird dabei – abgesehen von einer Inhaftierung – eine Durchsuchung der Wohn- und Geschäftsräume empfunden, die meist mit einer parallel erfolgenden Durchsuchung bei der Hausbank oder dem Büro des Steuerberaters einhergeht.

Wer morgens um 9.00 Uhr Beamten der Steuerfahndung die Tür öffnen muss, dürfte einigermaßen verblüfft und häufig mit der Situation überfordert sein. Die staatlichen Ermittler kalkulieren dieses Überraschungsmoment während des Erstkontaktes durchaus ein. Angesichts einer Schar von Staatsanwälten, Polizisten oder Steuerfahndern lässt sich der Betroffene nicht selten zu unbedachten Äußerungen hinreißen oder verfällt in hektischen Aktionismus und verschlechtert so seine Rechtsposition bereits in den ersten Minuten einer Durchsuchung nachhaltig.

Das Auftreten der staatlichen Ermittler ist entgegen landläufiger Legenden nur selten aggressiv, sondern eher von kühler Sachlichkeit geprägt. Für die Beamten gehört eine Durchsuchungsmaßnahme schlicht zum Berufsalltag.

1 Der erste Kontakt – Episode 1

Unabhängig von der Frage, ob der Tatvorwurf gegen einen Verdächtigen begründet ist und letztendlich zu einer Verurteilung führt, muss die Wahrung seiner Rechte während des →Ermittlungsverfahrens, insbesondere während des Erstkontaktes, oberste Priorität genießen. Keine Angst vor dem Staatsanwalt braucht derjenige zu haben, der zumindest einen groben Überblick über seine Rechte und Pflichten während des Ermittlungsverfahrens hat und sich möglichst frühzeitig der Hilfe eines kompetenten Rechtsbeistandes bedient. Am Anfang aller Überlegungen, die ein Betroffener im Angesicht von Ermittlungsbeamten in seinen Wohn- bzw. Geschäftsräumen anstellt, sollten drei Dinge stehen:

- Der Betroffene sollte zunächst durch ein Telefonat – was ihm von den Ermittlern nicht verwehrt werden kann! – mit seinem Rechtsanwalt oder Steuerberater, d. h. mit einem kompetenten Rechtsbeistand, Kontakt aufnehmen. Selbst wenn der Hausberater im Hinblick auf die Spezifika einer Durchsuchungsmaßnahme über keine ausgeprägten Kenntnisse verfügt, wird es ihm aller Voraussicht nach leichter fallen, einen entsprechenden Spezialisten zu beschaffen.

- Darüber hinaus muss sich der Betroffene eine strikte Nachrichtensperre auferlegen und nach dem Motto „Reden ist Silber, Schweigen ist Gold" bis zum Eintreffen des Rechtsbeistandes den Ermittlern keinerlei Auskünfte geben, die in Zusammenhang mit dem (mutmaßlichen) Anlass der Durchsuchung stehen könnten.

- Bis zum Eintreffen des Rechtsbeistandes sollte der Betroffene versuchen, Ruhe zu bewahren und sich immer wieder klar machen, dass es für ihn bis dahin absolut nichts zu tun (und zu reden) gibt.

Wer diese Grundregeln beherzigt, gibt den Ermittlern keine Chance, das Überraschungsmoment auszunutzen. Wenn der Rechtsbeistand vor Ort ist, ist eine rechtlich fundierte Begleitung gewährleistet, die sich in aller Regel auch in psychologischer Hinsicht positiv auf den Betroffenen auswirkt. Insbesondere ein Rechtsanwalt kann den Beamten auf Augenhöhe begegnen.

2 Wann darf ich mit einem Besuch rechnen?

Wann und an welchen Orten eine Durchsuchung stattfindet, hängt stark von den Besonderheiten des jeweiligen Ermittlungsverfahrens, insbesondere vom Tatvorwurf, ab. Eine nächtliche Durchsuchung von Wohn- und Geschäftsräumen zwischen neun Uhr abends und vier Uhr morgens im Sommer – bzw. sechs Uhr morgens im Winter – ist nur in eng umgrenzten Ausnahmefällen gestattet und stellt in der Praxis die Ausnahme dar. Die Beamten erscheinen in der Regel nicht vor neun Uhr morgens, was jedoch nicht mit einer vermeintlichen Gemütlichkeit der Staatsdiener zusammen hängt, sondern seine Ursache in einer ggf. parallel erfolgenden Durchsuchung bei der Hausbank und dem Büro des Steuerberaters oder Rechtsanwalts zu den üblichen Bürozeiten hat.

Die Uhrzeit richtet sich allerdings stets nach dem Einzelfall. Eine Durchsuchung kann daher auch um 19.00 Uhr stattfinden, wenn ein gastronomischer Betrieb erst dann seine Pforten öffnet und vorher in den Geschäftsräumen niemand anzutreffen ist. Mit Blick auf den Wochentag finden Durchsuchungen häufig zwischen Dienstag und Freitag statt, weil der Tag vor der Durchsuchung für eine interne Vorbesprechung oder eine in der Regel stattfindende konspirative Ortsbesichtigung benötigt wird und die Arbeit nicht durch ein Wochenende unterbrochen werden soll.

3 Wenn der Fahnder zweimal klingelt …

Eine Durchsuchung beginnt in dem Moment, in dem die Beamten an der Tür klingeln und die Wohn- oder Geschäftsräume betreten. Dies verdeutlicht, dass eine Durchsuchung in der Regel nur stattfindet, wenn jemand angetroffen wird. Dabei muss es sich nicht unbedingt um den verdächtigen Inhaber der Wohn- oder Geschäftsräume handeln. Dieser hat zwar das Recht, der Durchsuchung beizuwohnen. Ist er aber nicht da, kann auch ein Vertreter, ein erwachsener Angehöriger, ein Hausgenosse oder ein Nachbar während der Durchsuchung zugegen sein.

Dies bedeutet jedoch nicht, dass eine Durchsuchung von Wohn- und Geschäftsräumen ausgeschlossen ist, wenn niemand angetroffen wird oder anwesende Personen die Tür nicht öffnen. Die Beamten haben nämlich die Möglichkeit und auf der Grundlage des →Durchsuchungsbeschlusses auch die Kompetenz, eine verschlossene Tür durch einen Schlüsseldienst fachgerecht öffnen zu lassen. Unabhängig davon, ob der Inhaber der Räume zugegen ist, müssen ein Gemeindebeamter oder zwei Mitglieder der Gemeinde als Zeugen für die Durchsuchung hinzugezogen werden, wenn bei der Durchsuchung kein Staatsanwalt oder unter bestimmten Voraussetzungen kein Beamter der →Bußgeld- und Strafsachstelle zugegen ist. Die Einhaltung dieser Formalie wird der Rechtsbeistand penibel überprüfen und für den Fall eines Verstoßes die erforderlichen verfahrensrechtlichen Schritte einleiten.

Ob die Beamten die Tür öffnen lassen, hängt wiederum von den Besonderheiten des Einzelfalls ab. Handelt es sich etwa um eine koordinierte Aktion, die an mehreren Orten gleichzeitig stattfindet, ist es in der Regel unabdingbar, verschlossene Türen öffnen zu lassen. Denn nur auf diese Weise können die Ermittler sicher ausschließen, dass Beweismittel nicht in Verdunkelungsabsicht beseitigt werden, wenn die Durchsuchung erst einmal bekannt geworden ist. Dagegen ist eine Türöffnung bei Einzelmaßnahmen, die nur an einem Ort stattfinden, eher die Ausnahme, nicht zuletzt, weil den Ermittlern sonst das bereits erwähnte Überraschungsmoment verloren gehen würde.

4 Der erste Kontakt – Episode 2

Wie laufen die ersten Minuten einer Durchsuchung ab? Nach dem Öffnen der Tür oder dem Betreten der Wohn- bzw. Geschäftsräume geben sich die Ermittlungsbeamten zu erkennen. Nach Nennung der Dienststelle wird auf einen in der Regel vorhandenen richterlichen Durchsuchungs- und Beschlagnahmebeschluss verwiesen. Sofern die Ermittler nicht unmittelbar auf den Inhaber der Wohn- bzw. Geschäftsräume treffen, werden sie verlangen, dass die betreffende Person über das Eintreffen der Ermittlungsbeamten informiert wird.

Insbesondere Unternehmen sollten sich mit der Möglichkeit einer solchen Situation bereits im Vorfeld beschäftigen und ihr Empfangspersonal anhand eines auf die individuellen Strukturen und Besonderheiten des Unternehmens abgestimmten Notfallplans vorbereiten. Ein Muster finden Sie bei den Checklisten in Kapitel X. Ziel eines Notfallplans ist es selbstverständlich nicht, die Ermittler am Empfang aufzuhalten, um die verdächtigen Unterlagen am anderen Ende des Werkgeländes „über den Zaun" werfen zu können. Ziel ist es vielmehr, eine Durchsuchung im Interesse des Unternehmens in geordnete Bahnen zu lenken und den laufenden Geschäftsbetrieb – insbesondere bei Publikumsverkehr – vor übermäßigen Beeinträchtigungen zu schützen. Um dies zu gewährleisten, muss dem Empfangspersonal der Inhalt des Notfallplans bekannt und das entsprechende Papier dort unmittelbar verfügbar sein. Es hat wenig Sinn, dass ein Notfallplan in den Akten des Geschäftsführers oder des Leiters der Rechtsabteilung schlummert und im Falle des Falles ungenutzt bleibt. Beim Empfangspersonal muss Klarheit darüber bestehen, welche Personen beim Eintreffen der Ermittler zu verständigen sind und wie es sich in den ersten Minuten der Durchsuchung gegenüber den Ermittlern verhalten muss. Es kann im Einzelfall sogar sinnvoll sein, das Empfangspersonal im Rahmen einer Schulung auf eine solche Situation vorzubereiten. Das Vorhalten von Notfallplänen oder die gezielte Personalschulung darf von einem Unternehmen dabei keinesfalls als „heikler" Vorgang behandelt oder als stillschweigendes Eingeständnis missverstanden werden, dass aus begründetem Anlass mit Fahndungsmaßnahmen zu rechnen sei. Jedes Unternehmen muss potenziell damit rechnen, wegen völlig legaler

Geschäftskontakte zu Kunden oder Lieferanten als so genannter Unverdächtiger durchsucht zu werden, wenn gegen die Genannten strafrechtliche Ermittlungen laufen.

Noch bevor sich der Betroffene mit dem Inhalt des Durchsuchungsbeschlusses beschäftigt oder sich klar macht, welche Ermittlungsbeamten ihm gegenüberstehen, sollte er sich die bereits geschilderten drei Grundregeln vergegenwärtigen: Rechtsbeistand telefonisch verständigen, selbst schweigen und ruhig das Eintreffen des Rechtsbeistands abwarten.

Es gilt zunächst, sich mit einem kompetenten Rechtsbeistand zu wappnen. Ein entsprechendes Telefonat darf dem Betroffenen grundsätzlich unter keinen Umständen verwehrt werden. Denn nur auf diese Weise kann sicher gestellt werden, dass das Ermittlungsverfahren im Interesse des Betroffenen in geordnete rechtsstaatliche Bahnen gelenkt wird. Die in der Praxis von den Ermittlern gelegentlich verhängte Telefonsperre in den ersten Minuten einer Durchsuchung ist nur in Ausnahmefällen zulässig, wenn etwa aufgrund konkreter Anhaltspunkte zu befürchten ist, dass im Wege eines Telefonats Verdunkelungsmaßnahmen angewiesen oder begünstigt werden könnten. Der Betroffene sollte darauf drängen, dass die Durchsuchung erst nach dem Erscheinen des Rechtsbeistands beginnt. Darauf besteht zwar kein Rechtsanspruch. Führt das Eintreffen des Rechtsbeistands jedoch nicht zu einer erheblichen Verzögerung der Durchsuchungsmaßnahme, wird einem solchen Begehren in der Regel entsprochen. Findet eine Durchsuchung an mehreren Orten gleichzeitig statt, muss der Rechtsbeistand abwägen, ob er sich – falls die Orte nicht zusammenfallen – in ersten Linie zu seinem Mandanten oder zum Hauptort der Durchsuchung (z. B. dem Unternehmenssitz) begibt.

In diesem Zusammenhang stellt sich natürlich die Frage, was einen „kompetenten Rechtsbeistand“ ausmacht. Da viele der einschlägigen Fragestellungen im Strafprozessrecht angesiedelt und somit spezielle Rechtskenntnisse erforderlich sind, ist ein Rechtsanwalt gegenüber einem Steuerberater grundsätzlich vorzugswürdig. Dies gilt in gleicher Weise für Durchsuchungen durch oder unter Beteiligung der Steuerfahndung. Wird gegen einen Beschuldigten ein Haft- oder Unterbringungsbefehl erlassen oder wird das Ermittlungsverfahren nicht mehr in der Zuständigkeit der Finanzbehörden (d. h. der Straf- und Bußgeldsachenstelle) selbständig geführt, ist ein Steuerberater nicht mehr zu der ansonsten möglichen Verteidigung seines Mandanten befugt. Neben dem formalen Aspekt der Berufsqualifikation darf jedoch nicht verkannt werden, dass jede effektive Verteidigung in

Steuerstrafsachen zwingend ebenso gute Kenntnisse im Strafrecht wie im Steuerrecht voraussetzt. Wenn sich diese Fähigkeiten nicht in der Person des Hausberaters vereinen, kann eine Team-Verteidigung erwogen werden, bei der dem Hausberater, sei es dem Rechtsanwalt oder dem Steuerberater, eine entsprechend kompetente Person zur Seite gestellt wird. Bei der Frage einer möglichen Einbindung des Steuerberaters muss jedoch berücksichtigt werden, dass dieser möglicherweise zeitgleich Besuch von den staatlichen Ermittlern erhält und selbst zum Kreis der Beschuldigten zählen kann. In einer solchen Konstellation ist ihm eine unbefangene Wahrnehmung der Interessen seines Mandanten nicht mehr möglich, weil er im Zweifel bestrebt sein wird, seine „eigene Haut" zu retten.

Bis zum Eintreffen des Rechtsbeistandes muss eine absolute Nachrichtensperre gegenüber den Ermittlern herrschen. Mit den Beamten dürfen unter keinen Umständen Dinge besprochen werden, die in irgendeiner Weise mit dem tatsächlichen oder mutmaßlichen Grund der Durchsuchung in Zusammenhang stehen könnten. Auch scheinbar unverfängliche Gesprächsinhalte (Flurgespräche) können Aufschluss darüber geben, ob oder zu welchem Zeitpunkt eine Person bestimmte Kenntnisse hatte. Die freimütige Äußerung eines Beschuldigten, dass er schon viel früher mit einer Durchsuchung gerechnet habe oder dass seines Erachtens alle Angelegenheiten der Gesellschaft in bester Ordnung seien, kann von den Ermittlern genutzt werden, um Aufschlüsse über den subjektiven Tatbestand einer etwaigen Straftat zu gewinnen. Besonders negativ kann es sich auswirken, wenn sich der Betroffene zu spontanen Äußerungen hinreißen lässt, um für ein vermeintlich schnelles Ende der Durchsuchung zu sorgen. Dabei wird verkannt, dass eine Durchsuchung in der Regel kein spontaner Entschluss der Behörde ist, sondern durch vorherige Ermittlungen von langer Hand vorbereitet wird. Was auch immer der Betroffene den Ermittlungsbeamten meint mitteilen zu müssen – zu einem sofortigen Abbruch der Durchsuchung wird es mit an Sicherheit grenzender Wahrscheinlichkeit nicht führen!

Im Übrigen sollte der Betroffene versuchen – auch wenn es erfahrungsgemäß schwer fällt –, Ruhe zu bewahren. Ein aggressives Verhalten gegenüber den Ermittlungsbeamten bringt keine Verbesserung des Klimas der Durchsuchung und kann im Gegenteil zu einer vergifteten Atmosphäre führen. Mit einer kontrolliert defensiven Haltung schafft der Betroffene eine gute Ausgangsbasis für den Rechtsbeistand und hält sich zudem die Möglichkeit für Absprachen mit den Ermittlern offen.

5 Können Sie sich überhaupt ausweisen?

In formaler Hinsicht müssen zu Beginn der Durchsuchung den Ermittlungspersonen und dem richterlichen Durchsuchungs- und Beschlagnahmebeschluss besondere Aufmerksamkeit gewidmet werden. Dies ist in erster Linie Aufgabe des Rechtsbeistands, kann jedoch auch – bei entsprechenden Kenntnissen – durch den Betroffenen geleistet werden. Dabei kann der Notfallzettel in Kapitel X hilfreich sein.

Die Ermittlungspersonen müssen, sofern dies nicht ohnehin freiwillig geschieht, gebeten werden, sich auszuweisen. Dies gilt nicht etwa nur für den Leiter der Durchsuchungsmaßnahme, sondern für alle Ermittlungspersonen. Die Beamten der Staatsanwaltschaft, der Polizei und der Steuerfahndung verfügen über Dienstausweise, Polizisten und Steuerfahnder darüber hinaus über eine Dienstmarke. Über den genannten Personenkreis hinaus können auch Beamte mit besonderen Zuständigkeiten bei Durchsuchungen anwesend sein. Dies gilt z. B. für Beamte der Finanzkontrolle Schwarzarbeit (FKS), in deren Aufgabenbereich insbesondere die Bekämpfung der illegalen Beschäftigung (Schwarzarbeit) fällt. Die genaue Kenntnis der Namen, der Funktionen und der Dienststellen der Ermittler ist insbesondere für die richtige Einordnung des Tatvorwurfs und für sich daran anschließende verfahrensrechtliche Fragen von Bedeutung. Die quantitative Zusammensetzung der Ermittler lässt in begrenztem Umfang durchaus Rückschlüsse auf die bisherigen Ermittlungen zu, die mit dem Inhalt des Durchsuchungs- und Beschlagnahmebeschlusses abgeglichen werden können. Erscheinen lediglich Beamte der Steuerfahndung, steht offensichtlich ein mögliches Steuerdelikt im Raum. Sind darüber hinaus auch Beamte der FKS beteiligt – die als ehemalige Beamte der Zollverwaltung gelegentlich ein rustikales Auftreten an den Tag legen – erstreckt sich der Tatvorwurf offensichtlich auch auf illegale Beschäftigung. Erscheinen dagegen überwiegend Beamte der Staatsanwaltschaft und der Polizei, richten sich die Ermittlungen eher auf ein Wirtschafts- und nicht auf ein Steuerdelikt.

Die Daten sämtlicher Ermittlungspersonen, insbesondere deren Namen und Dienststellen, sollten sorgfältig notiert werden. Auf diese Weise lässt sich neben den genannten Aspekten insbesondere feststellen, ob anwesende Personen, die nicht zur Durchsicht von Papieren befugt sind, ihre rechtlichen Befugnisse überschreiten.

6 Fühlen Sie sich belehrt?

Die Einleitung eines Steuerstrafverfahrens, die aus einem Verdächtigen einen Beschuldigten macht, ist kein formaler Akt, sondern erfolgt durch tatsächliche Maßnahmen der Ermittlungsbehörden, die erkennbar darauf abzielen, gegen eine Person wegen einer Steuerstraftat vorzugehen. Von der Einleitung eines Steuerstrafverfahrens (für den Betroffenen in den meisten Fällen kaum erkennbar) zu unterscheiden ist der Zeitpunkt, in dem der Beschuldigte über die gegen ihn laufenden Ermittlungen informiert wird. Dieser Zeitpunkt ist insbesondere deswegen von besonderer rechtlicher Bedeutung, weil der Beschuldigte spätestens zu diesem Zeitpunkt darüber zu belehren ist, dass

- es ihm freisteht, zur Sache auszusagen oder nicht,
- er jederzeit, auch schon vor seiner Vernehmung, einen von ihm zu wählenden Verteidiger konsultieren darf,
- er zu seiner Entlastung →Beweisanträge stellen kann, auch wenn er sonst keine Angaben zur Sache machen will, und
- seine Mitwirkung im →Besteuerungsverfahren, insbesondere hinsichtlich nicht abgegebener Steuererklärungen oder -anmeldungen, nicht mehr erzwungen werden kann.

Die Bekanntgabe der Einleitung eines Steuerstrafverfahrens kann auf schriftlichem Wege durch ein entsprechendes Schreiben der zuständigen Straf- und Bußgeldsachenstelle erfolgen, aber auch durch die Übergabe eines hinreichend genau begründeten Durchsuchungs- und Beschlagnahmebeschlusses. Der Beschuldigte muss dabei möglichst genau über den Umfang des Verdachts informiert werden. Bei Steuerdelikten zählen dazu insbesondere Angaben zur Steuerart und zum →Besteuerungszeitraum.

Wird ein Steuerpflichtiger – unabhängig von einer Fahndungsmaßnahme – durch ein Schreiben der Finanzbehörden über die Einleitung eines Steuerstrafverfahrens in Kenntnis gesetzt und belehrt, sollte dies nicht in der

Weise missverstanden werden, dass mit einer Durchsuchung nicht mehr zu rechnen sei. Aus Sicht der Behörde kann ein „Vorziehen“ der Bekanntgabe durchaus sinnvoll sein, um eine bis dahin noch mögliche strafbefreiende →Selbstanzeige zu sperren. Mitunter kann die schriftliche Bekanntgabe auch versteckte Hinweise auf eine bevorstehende Durchsuchung enthalten, etwa wenn der Briefbogen der Steuerfahndungsstelle und nicht der organisatorisch zuständigen Straf- und Bußgeldstelle verwendet worden ist.

Ob und zu welchem Zeitpunkt sich ein →Beschuldigter zum Tatvorwurf äußert, bedarf einer sorgfältigen Abstimmung mit dem Rechtsbeistand und sollte nur in Kenntnis der Ermittlungsakten erfolgen, d. h. in zeitlicher Hinsicht nach einer entsprechenden Akteneinsicht durch den Rechtsbeistand. Der Beschuldigte sollte daher auf keinen Fall im „Pulverdampf“ einer Durchsuchung Aussagen zum Tatvorwurf machen. Besonders tückisch sind informatorische Befragungen im Rahmen von Flurgesprächen, die aus einer scheinbar belanglosen Unterhaltung entstehen, jedoch in Form von Gedächtnisprotokollen der Ermittler Eingang in die Ermittlungsakten finden können.

In gleicher Weise problematisch ist die informatorische Befragung anderer anwesender Personen wie Sekretärinnen, Buchhaltern oder sonstigen Angestellten. Die Mitarbeiter können die Aussage in diesem Verfahrensstadium uneingeschränkt verweigern, weil gegenüber den Beamten der Steuerfahndung keine Aussagepflicht besteht und die Betroffenen mit Blick auf ihre steuerlichen Auskunftspflichten als Dritte eine angemessene Bedenk- und Vorbereitungszeit verlangen können. Auch insoweit versuchen die Ermittler nicht selten, den Überraschungseffekt einer Durchsuchung zu nutzen.

Wird ein Beschuldigter vernommen, ohne zuvor über seine Rechte belehrt worden zu sein, unterliegen seine Aussagen in strafrechtlicher Hinsicht einem Verwertungsverbot. Für steuerliche Zwecke greift ein entsprechendes Verwertungsverbot grundsätzlich nicht, weil die steuerliche Belastungsgleichheit keine Privilegierung des Steuerunehrlichen gegenüber dem Steuerehrlichen rechtfertigt. Anders verhält es sich bei so genannten →verbotenen Vernehmungsmethoden, insbesondere wenn der Betroffene über seine rechtlichen Mitwirkungspflichten getäuscht wird.

7 Der Durchsuchungsbeschluss

Mit besonderer Sorgfalt muss der richterliche Durchsuchungsbeschluss geprüft werden. Ist ein solcher nicht vorhanden, weil die Beamten der Staatsanwaltschaft oder Steuerfahndung ihr Vorgehen mit „Gefahr im Verzug“ begründen, muss dies gründlich hinterfragt werden. Nach einer Entscheidung des Bundesverfassungsgerichts aus dem Jahre 2001 ist der Begriff „Gefahr im Verzug“ restriktiv auszulegen. Eine darauf gestützte Ermittlungsmaßnahme ist nur zulässig, wenn die vorherige Anrufung eines Richters den Untersuchungserfolg unter zeitlichen Gesichtspunkten gefährdet hätte. Dies dürfte insbesondere bei Steuerdelikten nur in Ausnahmefällen denkbar sein, weil Gegenstand der Ermittlungen überwiegend vergangenheitsbezogene Sachverhalte sind. Berufen sich die Ermittler auf Gefahr im Verzug, müssen die Gründe wegen der Beweisvorsorge erfragt und genau protokolliert werden. Möglicherweise lässt sich bei Fehlern seitens der Ermittler ein →Verwertungsverbot unter Rückgriff auf diese Aufzeichnungen besser begründen und durchsetzen.

Eine Durchsuchung darf wegen des erheblichen Eingriffs in verfassungsrechtlich geschützte Rechtspositionen des Betroffenen grundsätzlich nur durch einen Richter angeordnet werden. In formaler Hinsicht ergeht ein entsprechender Beschluss des zuständigen Amtsgerichts in schriftlicher Form und trägt die Unterschrift des Ermittlungsrichters. Die Durchsuchungsgegenstände werden genau bezeichnet, bei Wohn- und Geschäftsräumen insbesondere durch Wiedergabe der Anschrift. In der Praxis wird ein Durchsuchungsbeschluss regelmäßig mit einem →Beschlagnahmebeschluss verbunden, wobei gelegentlich auch „isolierte“ Durchsuchungsbeschlüsse anzutreffen sind. Die „Haltbarkeitsdauer“ eines Durchsuchungsbeschlusses ist begrenzt. Nach der einschlägigen Rechtsprechung des Bundesverfassungsgerichts endet seine Wirksamkeit – falls keine richterliche Bestätigung erfolgt ist – spätestens ein halbes Jahr nach Erlass, weil dann gegenüber dem Zeitpunkt des Erlasses von einer veränderten Tatsachengrundlage auszugehen ist.

Der Durchsuchungsbeschluss muss konkrete Anhaltspunkte zum Tatvorwurf und die vermutlich aufzufindenden Beweismittel nennen. Ein in der

Praxis häufiges Problem stellen die lediglich formelhaften Begründungen zum Tatvorwurf dar, die nach einer Entscheidung des Bundesverfassungsgerichts aus dem Jahre 2006 nicht genügen, einen Durchsuchungsbeschluss ausreichend zu begründen. Aus der Wiedergabe der betreffenden Strafnorm und ihrer Tatbestandsmerkmale kann weder der Betroffene noch sein Rechtsbeistand erkennen, aus welchem Grund eine Strafbarkeit eingetreten sein soll. Bei Steuerdelikten müssen zumindest die Steuerart, der Besteuerungszeitraum (bzw. der Besteuerungszeitpunkt) und die Art und Weise der Begehung hinreichend konkretisiert sein. Von erheblicher Bedeutung sind insbesondere die Angaben zum Besteuerungszeitraum, weil das Erscheinen der Steuerfahndung oder die Bekanntgabe der Einleitung eines Steuerstrafverfahrens nur für diejenigen Besteuerungszeiträume eine strafbefreiende Selbstanzeige sperrt, auf die sich die Ermittlungen der Steuerfahndung und die Durchsuchung beziehen. Dies zeigt, wie unabdingbar fundierte Kenntnisse im Steuerrecht für eine effektive Verteidigung in Steuerstrafsachen sind.

8 Bin ich verdächtig oder unverdächtig?

Dem Durchsuchungs- und Beschlagnahmebeschluss kann unmittelbar die überaus wesentliche Information entnommen werden, ob eine Durchsuchung bei einem Verdächtigen (§ 102 StPO) oder Unverdächtigen (§ 103 StPO) stattfindet. Beim Verdächtigen handelt es sich – wie die Bezeichnung bereits unschwer erkennen lässt – um die Person, die nach Auffassung der Ermittler mit einer bestimmten Wahrscheinlichkeit eine Straftat begangen hat. Demgegenüber ist eine Person unverdächtig, die zwar nicht an der verfolgten Straftat beteiligt ist, bei der jedoch Beweismittel vermutet werden. Beim Unverdächtigen ist eine Durchsuchung nur hinsichtlich bestimmter Gegenstände in engen Grenzen zulässig. Fehlen konkrete (bewiesene) Tatsachen, ist eine Durchsuchung nicht zulässig. Dagegen sind die Hürden für eine Durchsuchung beim Verdächtigen deutlich niedriger: Es genügt, wenn die betreffende Person einer Straftat verdächtig ist und zu vermuten ist, dass die Durchsuchung zum Auffinden von Beweismitteln führen wird.

Als Unverdächtige werden häufig Kreditinstitute, Rechtsanwälte oder Steuerberater durchsucht, weil sich in ihrem Gewahrsam Unterlagen befinden können, die bei Wirtschafts- und Steuerstrafsachen beweiserheblich sind. Bei den seit 1994 durchgeführten Fahndungen bei deutschen Großbanken, insbesondere wegen anonymer Geldtransfers nach Luxemburg und in andere europäische Steueroasen, wurden Kreditinstitute mitunter sogar als Verdächtige durchsucht. Grundlage dieser Maßnahmen war ein „Systemverdacht", wonach nicht nur einzelne Bankmitarbeiter, sondern die gesamte Organisation der jeweiligen Bank die Steuerhinterziehung ihrer Bankkunden unterstützt haben sollte. Daneben können aber auch sonstige Geschäftspartner, etwa Lieferanten oder Abnehmer eines verdächtigen Unternehmens, als Unverdächtige durchsucht werden.

Wer als Unverdächtiger betroffen ist, sollte den Durchsuchungs- und Beschlagnahmebeschluss sorgfältig auf eine entsprechende Begründung hin prüfen. Eine allgemeine Vermutung für das Auffinden bestimmter Beweismittel genügt den gesetzlichen Anforderungen nicht. Entspricht der Durchsuchungsbeschluss den gesetzlichen Anforderungen, sollte die Intensität des damit verbundenen Eingriffs in den laufenden Geschäftsbetrieb nach Möglichkeit begrenzt werden. Sind die gesuchten Unterlagen vorhanden, können diese – und nur diese – für die Ermittlungsbeamten herausgesucht und in einem separaten Besprechungsraum zur Beschlagnahme vorgelegt werden. So wird eine Durchsuchung der Geschäftsräume des Unverdächtigen vermieden, die je nach Lage des Falles die Gefahr von strafrechtlich verwertbaren Zufallsfunden birgt oder möglicherweise zu Streitigkeiten darüber führt, welche Beweismittel auf der Grundlage des Durchsuchungsbeschlusses überhaupt beschlagnahmt werden dürfen.

9 Suchen und Finden

Eine Durchsuchung ist denkbar umfassend und kann sich – je nach Reichweite des Durchsuchungsbeschlusses – erstrecken auf

- *Wohnungen und Räume.* Dazu gehören jede Art von Räumlichkeiten wie Arbeits-, Betriebs-, Geschäfts-, Kellerräume, Garagen, Marktstände oder Campingwagen, die der Verdächtige dauerhaft oder, wie etwa ein Hotelzimmer, nur vorübergehend nutzt. Durchsucht werden sämtliche Aufbewahrungsorte, wie etwa Schränke, Tresore oder der Briefkasten.

- *Personen.* Gesucht wird nach Dingen, die sich in oder unter der Kleidung oder in „natürlichen Körperöffnungen" befinden können. Bei Wirtschafts- und Steuerstrafsachen spielt diese Art der Durchsuchung eine untergeordnete Rolle.

- *Sachen.* Dies sind Kleidungsstücke oder sonstige bewegliche Dinge, die der Verdächtige mit sich führt oder benutzt, wie z. B. Taschen, Koffer, Brieftasche oder der Pkw.

- *EDV-Daten.*

Eine besondere Problematik ergibt sich bei der Beschlagnahme von EDV-Daten, die sich etwa auf einer Computerfestplatte befinden. Die Ermittlungsbehörden haben die Möglichkeit, die Daten sowohl durch Anfertigung einer Kopie als auch durch Mitnahme des Trägermediums, d. h. des Computers oder der Festplatte, zu beschlagnahmen. Gegenstand der Beschlagnahme können somit entweder die Daten auf einer Festplatte als so genannte nichtkörperliche Gegenstände oder die Festplatte selbst als körperlicher Gegenstand sein. Die Ermittlungsbehörden verfügen mittlerweile über EDV-Spezialisten, die in der Lage sind, eine Kopie der Festplatte zu erstellen. Ferner ist zu berücksichtigen, dass elektronische Daten auch in den Speichern moderner Fotokopierer, Faxgeräte oder Mobiltelefone abgelegt werden. Diese Daten unterliegen in gleicher Weise der Beschlagnahme und können von den EDV-Spezialisten ausgelesen werden.

Nach einer Entscheidung des Bundesverfassungsgerichts aus dem Jahre 2005 ist eine Beschlagnahme von EDV-Daten jedoch nicht schrankenlos möglich. Die Beschlagnahme des kompletten Datenbestandes einer Rechtsanwaltskanzlei und Steuerberatungsgesellschaft wurde als Verstoß gegen das verfassungsrechtlich geschützte Recht auf informationelle Selbstbestimmung gewertet, weil die Daten eine Vielzahl vertraulicher Mandanteninformationen enthielten, die nicht Gegenstand der Ermittlungen waren. Nach Auffassung des Bundesverfassungsgerichts gebietet es der →Grundsatz der Verhältnismäßigkeit, einen Datenbestand im Rahmen des Zumutbaren auf die potenziell beweiserheblichen Daten hin zu durchsuchen und lediglich diese zu beschlagnahmen. Die Vorgaben müssen in gleicher Weise beachtet werden, wenn die Ermittlungsbehörden den gesamten Datenbestand eines nicht im Bereich der Rechtsberatung tätigen Unternehmens beschlagnahmen möchten und dadurch vertrauliche Daten Dritter offenbart werden.

10 Rasterfahndung

Bei Straftaten von „erheblicher Bedeutung“ haben die Ermittlungsbehörden die Möglichkeit, personenbezogene Daten mittels einer Rasterfahndung nach bestimmten Kriterien auszuwerten, um Nichtverdächtige auszuschließen oder Personen zu finden, die weitere bedeutsame Prüfungsmerkmale erfüllen. Auf diese Weise versucht die Steuerfahndung derzeit Kunden von deutschen Lebensversicherungen auf die Spur zu kommen, die versucht haben sollen, nicht versteuerte Gelder durch Einzahlung in Lebensversicherungen wieder zu legalisieren. Zu diesem Zweck durchforsten die Steuerfahnder die Kundendaten der Lebensversicherungen nach Policen mit verdächtigen Merkmalen. Wurden etwa Versicherungen gegen hohe laufende Beiträge oder hohe Einmalzahlungen abgeschlossen, durch Bareinzahlungen oder Zahlungen aus dem Ausland bedient oder in der besonderen Form der 5+7-Verträge abgeschlossen, werden die Ermittler hellhörig. Bei 5+7-Verträgen wird die Versicherungsprämie in der Regel in fünf gleichen Raten innerhalb der ersten fünf Jahre gezahlt und der Vertrag bis zur Fälligkeit der Versicherungssumme für die verbleibenden sieben Jahre beitragsfrei gestellt. Diese Art Verträge kann unterschiedlich ausgestaltet sein. Insbesondere kann die Prämienzahlung durch Zwischenschaltung eines so genannten Beitragsdepots erfolgen, von dem aus die Prämienzahlung erfolgt.

Der Einsatz der Rasterfahndung zum Aufspüren von Steuersündern ist rechtlich äußerst bedenklich, weil eine Steuerhinterziehung selbst dann keine Straftat von „erheblicher Bedeutung“ im Sinne der gesetzlichen Regelung darstellt, wenn wegen des großen Ausmaßes der Steuerverkürzung ein besonders schwerer Fall der Steuerhinterziehung vorliegt. Es bleibt abzuwarten, wie die Gerichte das Vorgehen der Steuerfahndung gegen die Kunden von Lebensversicherungen beurteilen werden.

11 Beschlagnahme oder freiwillige Herausgabe?

Im Hinblick auf eine Beschlagnahme von Gegenständen kann eine Durchsuchung im Wesentlichen in folgende Schritte eingeteilt werden:

- Sichtung der vorhandenen Durchsuchungsgegenstände, etwa anhand der Beschriftung der Rückenschilder von Aktenordnern (Sichtung).

- Durchsicht der Durchsuchungsgegenstände, d. h. grobe inhaltliche Überprüfung, ob diese überhaupt als Beweismittel in Betracht kommen. Dies geschieht etwa durch Überprüfung einzelner Schriftstücke in einem Aktenordner oder von elektronischen Daten unter thematischen Gesichtspunkten (Grobprüfung).

- Beschlagnahme der betreffenden Durchsuchungsgegenstände (oder freiwillige Herausgabe), an die sich die genaue Auswertung der Beweismittel anschließt.

In diesem Zusammenhang muss sich der Betroffene zwei Fragen stellen. Erstens: Sind die vor Ort tätigen Beamten zu einer Durchsicht befugt? Zweitens: Sollten die Durchsuchungsgegenstände freiwillig herausgegeben werden? Zu einer Durchsicht, insbesondere der Akten oder der Datenbestände auf einem Computer, sind lediglich die Beamten der Staatsanwaltschaft und der Steuerfahndung (sowie auf besondere Anordnung auch die Beamten des Polizeidienstes) befugt. Anderen Personen, insbesondere Finanzbeamten aus anderen Bereichen des Finanzamtes (Vollstreckung, Betriebsprüfung), ist es nur gestattet, eine Sichtung der entsprechenden Gegenstände vorzunehmen. Diese Personen haben allenfalls die Möglichkeit, die entsprechenden Gegenstände in einen versiegelten Umschlag oder in ein sonstiges geeignetes Behältnis zu verpacken und einer zur Durchsicht befugten Person abzuliefern (Versiegelung). Im Gegensatz zur alten Rechtslage ist der Betroffene laut Gesetz zur Teilnahme an der Entsiegelung und Durchsicht der Gegenstände nicht mehr aufzufordern. Nicht wenige Stimmen sehen in der Neufassung des Gesetzes ein Redaktionsversehen des Gesetzgebers, weswegen der Betroffene nach wie vor Gelegenheit haben muss, bei der Entsiegelung und Durchsicht der Papiere, eventuell vertreten durch seinen Rechtsbeistand, anwesend zu sein.

Werden die Ermittler fündig, stellt sich für den Betroffenen die Frage, ob er die Gegenstände freiwillig herausgibt oder (gegen seinen Willen) zwangsweise beschlagnahmen lässt. Um die Frage gleich vorab zu beantworten: In keinem Fall sollten Gegenstände freiwillig herausgegeben werden. Dies bringt dem Betroffenen keinerlei Vorteile, vor allem hat dies kein besonderes Wohlwollen der Ermittlungsbehörden zur Konsequenz. Eine zwangsweise Beschlagnahme hat den entscheidenden Vorteil, dass diese umfassend gerichtlich überprüft werden kann. Ist es irrtümlich zu einer freiwilligen Herausgabe von Gegenständen gekommen, kann das erklärte Einverständnis widerrufen und somit eine nachträgliche Beschlagnahme erforderlich gemacht werden. Diese kann dann in gleicher Weise gerichtlich überprüft werden. Zu einer besonderen Berufsverschwiegenheit verpflichtete Personen, wie etwa Ärzte, Rechtsanwälte und Steuerberater, machen sich sogar wegen der Verletzung von Privatgeheimnissen strafbar, wenn sie bei einer Durchsuchung als Unverdächtige Unterlagen ihrer Patienten oder Mandanten ohne deren ausdrückliche Zustimmung freiwillig herausgeben. Dies gilt nicht nur für die ohnehin nicht der Beschlagnahme unterliegenden Gegenstände, wie etwa vertrauliche schriftliche Mitteilungen zwischen Mandant und Berater, die sich typischerweise in der Handakte des Beraters finden. Auch sonstige Unterlagen, wie etwa von Seiten des Mandanten überlassene Buchführungs- und Vertragsakten, die nicht von der Beschlagnahme ausgeschlossen sind, dürfen unter keinen Umständen freiwillig herausgegeben werden. Was als Bestandteil der Handakte – wobei insoweit auf die einzelnen Papiere abgestellt wird – nicht der Beschlagnahme unterliegt, führt regelmäßig zu Auseinandersetzungen mit den staatlichen Ermittlern.

Die durch eine Beschlagnahme eröffnete Möglichkeit einer nachträglichen gerichtlichen Überprüfung ist insbesondere deswegen vorteilhaft, weil während einer laufenden Durchsuchung eine intensive rechtliche Prüfung in der Regel nur sehr eingeschränkt möglich ist. Es kann daher nicht ausgeschlossen werden, dass eine gerichtliche Prüfung nach Abschluss der Durchsuchung zu einer Aufhebung der Beschlagnahme führt oder bei einer späteren gerichtlichen Auseinandersetzung ein Verwertungsverbot für die rechtswidrig erlangten Erkenntnisse geltend gemacht werden kann. Eine gerichtliche Überprüfung ist dagegen ausgeschlossen, soweit Gegenstände freiwillig herausgeben werden. Dabei ist zu beachten, dass eine freiwillige Herausgabe nicht vorliegt, wenn die gesuchten Beweismittel herausgesucht und den Ermittlern zum Zwecke der Beschlagnahme vorgelegt werden.

Als besonders einschneidend erweist sich die Beschlagnahme von Gegenständen, die für den laufenden Geschäftsbetrieb benötigt werden. Nehmen die Ermittlungsbehörden etwa den Computer in Gewahrsam, auf dem sich sämtliche Kunden- und Lieferantendaten oder wichtige Rezepturen befinden, kann der gesamte Geschäftsbetrieb zum Erliegen kommen. Dies gilt in gleicher Weise für dringend benötigte technische Geräte, wie das Kassensystem eines gastronomischen Betriebs, und wichtige Unterlagen in Papierform. Die genannten Gegenstände können sich nach ihrer Beschlagnahme bzw. Sicherstellung mehrere Wochen oder im Einzelfall gar Monate zum Zwecke der Auswertung im Gewahrsam der Ermittlungsbehörden befinden.

Daher sollte der Betroffene bereits während der Durchsuchung versuchen, mit den Ermittlungsbeamten eine praktikable Lösung zu finden. Wenn es der Umfang zulässt, können wichtige Unterlagen in Papierform vor einer Beschlagnahme kopiert werden. Ist wegen des Umfangs der Unterlagen ein kurzfristiges Kopieren nicht möglich, können sie in Absprache mit den Ermittlern vor Ort in einem verschlossenen Raum zwischengelagert werden, der mit einem polizeilichen Siegel versehen wird. Die Unterlagen können dann zu einem späteren Zeitpunkt unter Aufsicht eines Beamten kopiert werden. Diese Möglichkeit bietet sich insbesondere bei größeren Durchsuchungen an, bei denen die Durchsicht nicht an einem Tag abgeschlossen werden kann. Hervorzuheben ist jedoch, dass eine solche Vorgehensweise auf einer entsprechenden Absprache mit den Strafverfolgungsbehörden beruht und der Betroffene darauf keinen Rechtsanspruch hat.

Der Betroffene sollte des Weiteren immer darauf bestehen, dass ein möglichst detailliertes Verzeichnis der beschlagnahmten Gegenstände von den Ermittlern angefertigt wird. Die Ermittlungsbeamten verfügen über einen entsprechenden Vordruck, der am Ende der Durchsuchung von dem Betroffenen unterschrieben werden muss. Es ist darauf zu achten, dass sich das Verzeichnis nicht auf formelhafte Angaben, wie „zehn Aktenordner und drei Notebooks" beschränkt. Bei Aktenordnern sollten der genaue Text auf dem Rückenschild sowie einige Stichworte zum Inhalt notiert werden. Bei sonstigen Gegenständen, wie z. B. Computer, Kassensystemen oder sonstigen technischen Geräten, muss neben der genauen Bezeichnung nach Hersteller und Typ auch die Geräte- bzw. Seriennummer festgehalten werden. Letzteres kann insbesondere von Bedeutung sein, wenn der

Betroffene gezwungen ist, sich zur Weiterführung des Geschäftsbetriebs Ersatzgeräte zu beschaffen. Sofern keine Klarheit über die im Einzelnen beschlagnahmten Unterlagen besteht, kann eine Freigabe dringend benötigter Gegenstände oder eine gerichtliche Überprüfung der Beschlagnahme nur mit erheblichen Schwierigkeiten erfolgen. Ist das von den Ermittlern gefertigte Verzeichnis unzureichend, sollte ihm widersprochen und zum Zwecke der Beweisvorsorge ein eigenes Verzeichnis der beschlagnahmten Gegenstände erstellt werden.

12 Sicherstellung oder Beschlagnahme?

Verfahrensrechtlich bedeutsam ist die Unterscheidung zwischen einer vorläufigen Sicherstellung und einer Beschlagnahme von Gegenständen. Insbesondere bei umfangreichen Wirtschafts- und Steuerstrafverfahren sind die Ermittler wegen der Vielzahl der Unterlagen faktisch nicht in der Lage, diese vor Ort auf ihre Beweiseignung hin zu überprüfen und zu entscheiden, welche Unterlagen zu beschlagnahmen sind. Zu einer solchen Durchsicht sind im Übrigen – worauf bereits hingewiesen wurde – nur die Beamten der Staatsanwaltschaft und der Steuerfahndung sowie auf besondere Anordnung auch die Beamten des Polizeidienstes befugt. Umfangreiche potenzielle Beweismittel werden daher von den Beamten mitgenommen und – ohne dass eine feste zeitliche Grenze zu beachten wäre – in der Behörde durchgesehen.

Für den Betroffenen hat eine solche Vorgehensweise im Wesentlichen zwei Nachteile: Ihm werden für den laufenden Geschäftsbetrieb möglicherweise dringend benötigte Unterlagen und Daten für Wochen oder Monate vorenthalten. Zudem ist der Durchsuchungsbeschluss erst dann rechtlich „verbraucht", wenn über die Beschlagnahme der sichergestellten Gegenstände entschieden wurde. Theoretisch kann es bis dahin sogar zu weiteren „Besuchen" der Ermittler kommen.

Wenn die Besonderheiten des Einzelfalles es zulassen, kann der Betroffene die genannten Nachteile dadurch vermeiden, dass er den Ermittlern die geforderten Unterlagen heraussucht und zum Zwecke der Beschlagnahme vorlegt. Rechtliche Nachteile sind damit nicht verbunden, weil die Beschlagnahme gerichtlich überprüft werden kann und in dem Heraussuchen der Unterlagen keine freiwillige Herausgabe liegt. Im Gegenteil sinkt dadurch die Gefahr von Zufallsfunden, auf die die Beamten bei der Suche nach Beweiserheblichem stoßen können. Bei Zufallsfunden handelt es sich um „Glückstreffer" der Ermittlungsbehörden, die auf eine Straftat hindeuten, jedoch mit dem eigentlichen Anlass der Durchsuchung nicht in Zusammenhang stehen.

13 Rechtsschutz

Der Betroffene hat während der Durchsuchung und danach jederzeit die Möglichkeit, wegen der Anordnung der Durchsuchung oder der Beschlagnahme bestimmter Gegenstände eine gerichtliche Überprüfung herbeizuführen. Diese Rechtsschutzmöglichkeit besteht in gleicher Weise für Einwände gegen Art und Weise bzw. Dauer einer Durchsuchung.

Mit einem Antrag auf gerichtliche Überprüfung kann sich der Betroffene etwa gegen die Beschlagnahme von Computerdaten wenden, wenn dadurch das →Recht auf informationelle Selbstbestimmung Dritter verletzt oder die Ermittlungsbehörden dabei unter Missachtung des Grundsatzes der Verhältnismäßigkeit nicht bereit waren, die Beschlagnahme auf die beweiserheblichen Daten zu beschränken. Gleiches gilt, wenn die Ermittler während einer Durchsuchung eine Person rechtswidrig festsetzen, ein Telefonat mit dem Rechtsbeistand unterbinden oder nicht bereit sind, ein hinreichend detailliertes Verzeichnis der in Verwahrung oder Beschlag genommenen Gegenstände zu erstellen.

Ein weiterer Grund für eine gerichtliche Überprüfung kann die unzulässige Sicherstellung oder Beschlagnahme von Gegenständen sein, die nicht der Beschlagnahme unterliegen, wie z. B. ärztliche Untersuchungsbefunde oder der Inhalt der Handakte eines Rechtsanwalts oder Steuerberaters, in der die vertrauliche Korrespondenz zwischen Mandant und Berater abgelegt ist.

Erfolgte eine Beschlagnahme bei Gefahr im Verzug ohne richterlichen Beschluss, müssen die Ermittler, wenn der Betroffene dem (zwingend) widerspricht, von Gesetzes wegen innerhalb von drei Tagen die richterliche Bestätigung beantragen. Eine Überschreitung dieser Frist macht die Beschlagnahme jedoch nicht unwirksam. In der Praxis verfügen die Ermittler meist über einen Durchsuchungs- und Beschlagnahmebeschluss, weswegen sich die Notwendigkeit einer richterlichen Bestätigung insoweit nicht stellt. Ergeben sich jedoch während einer Durchsuchung neue Erkenntnisse über bisher unbekannte Wohn- bzw. Geschäftsräume einer Person, kann es durchaus zu einer auf Gefahr im Verzug gestützten Durchsuchung und Beschlagnahme kommen, die in der genannten Weise richterlich zu bestätigen ist. Gleiches gilt, wenn lediglich ein „isolierter" Durchsuchungsbeschluss vorliegt.

Fazit

Die angeführten Aspekte und Problembereiche zeigen, dass eine Durchsuchung in rechtlicher Hinsicht vielschichtig ist und für den Betroffenen nicht unerhebliche Risiken birgt. Da der Betroffene häufig nicht über die notwendigen rechtlichen Kenntnisse und einschlägigen Erfahrungen auf diesem Gebiert verfügt, sollte er die Wahrnehmung seiner Interessen einem (hoffentlich) kompetenten Rechtsbeistand übertragen und die ausführlich erläuterten Grundregeln beachten.

§
GUTE FRAGE...
KLIENT
ANWALT
KAI

VIII Hätte man das nicht vermeiden können? Möglichkeiten der Prävention

Ist das Kind erst einmal in den Brunnen gefallen, d. h. ist es im Unternehmen zu einer Straftat gekommen oder existieren Geschäftsbeziehungen zu einer verdächtigen Person, stehen in der Regel schnell Staatsanwaltschaft und/oder Steuerfahndung medienwirksam vor der Tür. Dann ist die Aufregung groß.

Ist der erste Schock überwunden, sollte sich der Unternehmer fragen, warum er oder sein Unternehmen in den Fokus der Behörden gerückt ist. Antworten darauf sind bereits für einige Bereiche in den vorangegangen Kapiteln gegeben worden. Der umsichtige Unternehmer sollte jetzt auch überlegen, wie er in Zukunft solche extrem belastenden Situationen vermeiden kann.

Das Zauberwort heißt Prävention. Wie kann ich mich und mein Unternehmen bereits jetzt präventiv vor der Verstrickung in Straftaten schützen und unangenehme Folgen verhindern? Einige Möglichkeiten, wie →Selbstanzeige, →Compliance-System, →Korruptionsprävention, werden im Folgenden erörtert. Dazu gehört auch der Umgang mit der Presse. Eines sei jedoch gleich vorausgeschickt: Prävention ist nicht überall möglich und nicht überall gleichermaßen sinnvoll. Und: Es ist schlechterdings nicht auszuschließen, dass die eigenen Mitarbeiter Straftaten begehen und dem Unternehmen Schaden zufügen. Mit einer guten Präventionsarbeit lassen sich die Gefahren jedoch minimieren.

1 Prävention im Steuerstrafrecht – Die Selbstanzeige

Für das Steuerstrafrecht eröffnet das Gesetz selbst eine Präventionsmöglichkeit: die Selbstanzeige. Zugegeben, es handelt sich hier nicht um Vorbeugung im eigentlichen Sinne, da die Selbstanzeige die Begehung einer Steuerstraftat schließlich logisch voraussetzt. Mit der Selbstanzeige kann man aber den drohenden Folgen einer Steuerhinterziehung präventiv begegnen. Sie bewirkt, dass hinsichtlich der angezeigten Steuerstraftat oder Ordnungswidrigkeit Straffreiheit eintritt. Dazu muss der Täter aber die Straftat offenbaren und so eine honorierungswürdige Leistung erbringen, die eine Straffreiheit rechtfertigt. Insofern wirkt eine Selbstanzeige durchaus präventiv. Bei Unternehmen ist die Selbstanzeige insofern von Bedeutung, als dass sie auch von den Mitgliedern der vertretungsberechtigten Organe zum eigenen Schutz eingesetzt werden kann. Auch im Unternehmenssteuerbereich sind Selbstanzeigen möglich und sinnvoll. Am häufigsten kommen sie im Zusammenhang mit Betriebsprüfungen vor.

Ein Beispiel:

Die steuerpflichtige U-AG hat durch die Abgabe unrichtiger Steuererklärungen in den Jahren 2000 bis 2004 Körperschaftsteuer in beträchtlichem Ausmaß hinterzogen. Die Gelder waren „notwendig", um das Unternehmen in wirtschaftlich schwierigen Zeiten zu erhalten. Verantwortlich für diese Hinterziehungen war der Vorstandsvorsitzende Herr Müller. Nachdem es dem Unternehmen inzwischen wieder gut geht, kommen Herrn Müller Zweifel ob seines damaligen Vorgehens. Um sein Gewissen zu erleichtern, erwägt er, eine Selbstanzeige zu erstatten. Zu diesem Zeitpunkt kündigt das Finanzamt für Großbetriebsprüfungen an, bei der U-AG betreffend die Körperschaftsteuerpflicht für die Veranlagungszeiträume 1998 bis 2002 eine Betriebsprüfung vornehmen zu wollen. Daraufhin nimmt Herr Müller vorerst Abstand von seinem Vorhaben. Er will erst die Betriebsprüfung abwarten. Im Laufe der Prüfung regt sich beim Prüfer der Verdacht, dass im Prüfungszeitraum Körperschaftsteuer hinterzogen wurde. Entgegen seiner Pflicht unterbricht er die Prüfung indes nicht, sondern prüft weiter. Nachdem Herr Müller auf eine Schlussbesprechung verzichtet hat, fertigt der Prüfer seinen Prüfungsbericht und übersendet diesen an Herrn Müller, das Veranlagungsfinanzamt und die Straf- und Bußgeldstelle. Im Bericht findet sich der Hinweis nach § 201 Abs. 2 der Abgabenordnung (AO), es bestehe die Möglichkeit, dass ein Steuerstrafverfahren eingeleitet werde. Herr Müller ist wie gelähmt und unternimmt nichts. Zwei Monate später erscheint zwecks Durchsuchung der Geschäftsräume die Steuerfahndung im Unternehmen.

Wer nun glaubt, hier ließe sich nichts mehr machen, man könne im Grunde nur noch auf eine Anklage warten, der hat das Verfahren in der Tat schon verloren. Für unseren Herrn Müller hätte durchaus die Möglichkeit bestanden, trotz Betriebsprüfung und trotz Erscheinens der Steuerfahndung eine Selbstanzeige zu erstatten. Zutreffend ist zwar, dass die AO die Möglichkeit der Selbstanzeige in bestimmten Fällen sperrt. Aber auch diese Sperrwirkung besteht nicht absolut. Betrachtet man sich die Sperrgründe näher, wird deutlich, dass Herr Müller durchaus Handlungsmöglichkeiten gehabt hätte.

Sperrgrund 1: Erscheinen eines Prüfers

Die Möglichkeit einer Selbstanzeige ist immer dann gesperrt, wenn der Prüfer beim Unternehmen erscheint, wenn er also „auf der Matte steht“ (so genannte Mattentheorie). Dies wäre in unserem Beispiel jedenfalls der Fall, wenn der Prüfer dem Vorstandsvorsitzenden Müller die Prüfungsanordnung überreichen würde. Indes braucht Herr Müller gar nichts vom Erscheinen des Prüfers zu wissen. Beginnt dieser im Unternehmen die Prüfung, obwohl sich Herr Müller gerade auf einer Auslandsreise befindet, tritt die Sperrwirkung unverändert ein. Die vorausgehende Ankündigung der Behörden, demnächst mit der Prüfung beginnen zu wollen, ist noch kein Erscheinen im Sinne des Gesetzes. Unser Herr Müller hätte also vor Beginn der Prüfung durchaus noch rechtzeitig eine Selbstanzeige erstatten können.

Im Übrigen bleibt die Tür zur Selbstanzeige nach Prüfbeginn nicht ewig verschlossen, sondern öffnet sich nach einiger Zeit wieder. Dies ist zwar nicht der Fall, wenn die Prüfung nur unterbrochen wird oder der Prüfer nach dem ersten Tag der Prüfung das Unternehmen wieder verlässt, um am nächsten Tag wiederzukommen. Der Sperrgrund entfällt erst, wenn die Prüfung wirklich beendet ist. In der Praxis ist durchaus strittig, ob dies einen auf die Ergebnisse der Prüfung bezogenen Änderungsbescheid voraussetzt. Gut vertretbar ist vielmehr auch, das Ende der Prüfung im Absenden des Prüfberichts an den Steuerpflichtigen und an das Veranlagungsfinanzamt zu sehen. Letzteres vorausgesetzt, hätte für Herrn Müller auch nach Erhalt des Prüfungsberichts noch die Möglichkeit bestanden, eine Selbstanzeige zu erstatten.

Der Umfang der Sperrwirkung richtet sich im Übrigen nach dem Inhalt der Prüfungsanordnung. Unterliegt, wie im Beispielsfall, nur die Körperschaftsteuer in den Jahren 1998 bis 2002 der Prüfung, ist die Hinterziehung der Körperschaftsteuer in den Jahren 2003 und 2004 von der Sperrwirkung nicht erfasst. Eine diesbezügliche Selbstanzeige wäre also weiterhin möglich, auch wenn der Prüfer sich noch im Unternehmen befindet. Gleiches gilt auch für die Steuerart. Hätte unser Vorstandsvorsitzender im Prüfungszeitraum z. B. auch noch falsche Umsatzsteuervoranmeldungen und Umsatzsteuerjahreserklärungen abgegeben, wäre eine diesbezügliche Selbstanzeige ebenfalls nicht ausgeschlossen.

Sperrgrund 2: Einleitung und Bekanntgabe des Strafverfahrens

Hat der Prüfer schließlich die Prüfung beendet, kann eine Sperrwirkung jedoch dadurch eingetreten sein, dass ein Strafverfahren eingeleitet und dies dem Täter bekannt gegeben wurde. Die Bekanntgabe muss gegenüber dem Täter oder einem seiner Vertreter erfolgen. Im Beispielfall ist jedoch dergleichen noch nicht passiert. Der sich – wie auch in unserem Beispiel – häufig in Prüfberichten findende Hinweis des Prüfers nach § 201 Abs. 2 AO, es bestehe die Möglichkeit der Einleitung eines Strafverfahrens, steht der Bekanntgabe der Einleitung eines Strafverfahrens nicht gleich und entfaltet daher keine Sperrwirkung.

Anders wäre der Fall freilich zu beurteilen, wenn der Prüfer auf Grund eines Verdachtes die Prüfung nach § 10 der Betriebsprüfungsordnung (BpO) unterbrochen und den Täter über seine nunmehr im Steuerstrafverfahren bestehenden Schweigerechte belehrt hätte. Dies ist hier jedoch nicht erfolgt. Aus dem pflichtwidrigen Weiterprüfen trotz bestehenden Tatverdachts ergibt sich allerdings auch keine Aufhebung der Sperrwirkung zu Gunsten des Täters. Allenfalls ließe sich an eine Beschränkung der Verwertbarkeit für die aufgefundenen Beweismittel denken. In diesem Zusammenhang ist aber die Dualität zwischen dem Steuerstrafverfahren einerseits und dem parallel laufenden →Besteuerungsverfahren andererseits zu bedenken. Während die ordentliche Rechtsprechung bei unterlassener Belehrung ein →Verwertungsverbot wegen Verstoßes gegen die

Belehrungspflicht aus § 136 der Strafprozessordnung (StPO) annimmt, lässt die Finanzgerichtsrechtsprechung unter Hinweis auf die sonst auftretende ungerechtfertigte Besserstellung des Steuerunehrlichen gegenüber dem Steuerehrlichen im Besteuerungsverfahren die unumschränkte Verwertung der Ergebnisse zu. Die rechtswidrig erlangten Beweise können also im Rahmen der Festsetzung weiter gegen den Steuerpflichtigen verwendet werden.

Anders wäre dies nur, wenn der Prüfer den Steuerpflichtigen vorsätzlich darüber getäuscht hätte, dass gegen ihn ein Strafverfahren eingeleitet wurde bzw. er ein solches auf Grund der Betriebsprüfung eigentlich einleiten müsste. In diesem Fall würde der Prüfer quasi unter dem Deckmantel einer rechtmäßigen Betriebsprüfung die Mitwirkungspflicht des Steuerpflichtigen im Besteuerungsverfahren vorsätzlich ausnutzen. Den Gerichten fällt es jedoch in der Praxis außerordentlich schwer, einem Prüfer einen derartigen Vorsatz nachzuweisen, so dass es bei der steuerlichen Verwertbarkeit bleibt. Dies hieße vorliegend, dass die Ergebnisse aus der Betriebsprüfung im Besteuerungsverfahren zu Lasten des Herrn Schmitt und der U-AG verwendbar wären und es erst mit Erscheinen der Steuerfahndung zwecks Durchsuchung der Geschäftsräume zu einer Bekanntgabe des Steuerstrafverfahrens gekommen wäre. Der Vorstandsvorsitzende hätte demnach noch im Zeitraum zwischen Beendigung der Außenprüfung und dem Erscheinen der Steuerfahndung Selbstanzeige erstatten können.

Sperrgrund 3: Entdeckung der Tat

Fraglich ist allerdings, ob im Fall des Erscheinens der Steuerfahndung nicht bereits eine Sperrwirkung wegen Entdeckung der Tat eingetreten ist. Wenn die Steuerfahndung erst einmal erscheint, denken selbst viele Steuerberater, dass nunmehr eine Tatentdeckung vorliegt. Warum sonst sollte die Steuerfahndung zur Durchsuchung erscheinen? Dies ist freilich zu kurz gedacht. Die Ermittlungen der Staatsanwaltschaft und der Steuerfahndung setzen lediglich einen Anfangsverdacht voraus. Nach der kriminalistischen Erfahrung des Beamten bzw. Staatsanwalts müssen tatsächliche Anhaltspunkte dafür bestehen, dass eine Straftat begangen worden ist. Eine Tatentdeckung setzt indes mehr voraus als einen bloßen Anfangsverdacht. Diese Ansicht hat sich inzwischen auch in der obergerichtlichen Rechtsprechung durchgesetzt. Erforderlich für eine Tatentdeckung ist vielmehr, dass nach dem Ergebnis der Ermittlungen die Erwartung gerechtfertigt erscheint, dass es im Falle einer Anklage auch zur Verurteilung des Täters kommen würde. Rechtstechnisch bedeutet dies, dass bereits ein „hinreichender Tatverdacht“ vorliegen muss, die Verurteilung also wahrscheinlicher scheint als ein Freispruch. Das bedeutet umgekehrt, dass es für die Annahme einer Tatentdeckung nicht reicht, dass der Prüfer im Rahmen der Betriebsprüfung den Verdacht hegt, dass – wie hier – Körperschaftsteuer hinterzogen wurde. Entscheidend ist, dass das Tatgeschehen in seinem wesentlichen kriminellen Kern erkannt worden ist. Damit muss – vereinfacht ausgedrückt – bekannt sein,

- in welchem Veranlagungszeitraum
- durch wen
- welche Steuerarten

hinterzogen worden sind. An einer Tatentdeckung wird es also in den Fällen sicher fehlen, in denen die Steuerfahndung erscheint, um den Sachverhalt erst einmal aufzuklären. Daher ist in aller Regel auch und gerade bei Erscheinen der Steuerfahndung noch eine Selbstanzeige möglich. Ebenso fehlt es entgegen weit verbreiteter Ansicht an einer Tatentdeckung und damit am Eintreten der Sperrwirkung, wenn das Finanzamt dem Steuerpflichtigen lediglich Zwangsmaßnahmen wegen fehlender Mitwirkung im Besteuerungsverfahren androht oder es wegen fehlender Umsatzsteuervoranmeldung zu Schätzungen kommt. Vorliegend hätte unser Vorstandsvorsitzender durchaus noch bei Erscheinen der Steuerfahndung die Möglichkeit gehabt, Selbstanzeige zu erstatten.

Ein letzter Punkt sei zum Thema „Sperrgründe“ noch angemerkt. Die Sperrgründe 1 und 3 (Erscheinen des Prüfers / Entdeckung der Tat) entfalten nur Wirkung, wenn es zu einer vorsätzlichen Steuerstraftat nach § 370 AO gekommen ist. Gelingt es der Verteidigung im Laufe des Verfahrens, die Gegenseite davon zu überzeugen, dass die Steuerverkürzung lediglich leichtfertig begangen wurde, liegt nur eine Steuerordnungswidrigkeit nach § 378 AO vor. § 378 AO schließt nun aber die Selbstanzeigemöglichkeit nur für den Fall aus, dass bereits ein Steuerstrafverfahren eingeleitet wurde (Sperrgrund 2).

Umgekehrt heißt dies, dass, wenn es im Laufe der Betriebsprüfung zu einer Selbstanzeige gekommen ist, letztere die Verhängung einer Geldbuße wegen einer Steuerordnungswidrigkeit ausschließt. Für die Wirkung der Selbstanzeige ist es im Rahmen des § 378 AO irrelevant, ob sie tatsächlich erst nach Erscheinen des Prüfers und damit nach Beginn der Prüfung erstattet wurde. Insofern kann es im Einzelfall durchaus ratsam sein, gegenüber dem Prüfer die Selbstanzeige zu erstatten, um sodann eine Umdeutung der steuerlichen Verfehlung von der Ebene der vorsätzlichen Straftat zur bloß leichtfertigen →Ordnungswidrigkeit anzustreben. Im Ergebnis hätte dies zur Folge, dass der Steuerpflichtige außer der Nachzahlung der Steuern inklusive →Nachzahlungszinsen jedenfalls in straf- und in ordnungsrechtlicher Hinsicht nichts weiter zu befürchten hätte.

Zum Schluss noch ein wichtiger Hinweis: Wer eine Selbstanzeige in Betracht zieht, muss in der Lage sein, die Steuern auch zu bezahlen. Das Gesetz sieht vor, dass dem Täter die strafbefreiende Wirkung der Selbstanzeige nur zugute kommt, wenn er auch die verkürzten Steuern nachentrichten kann. Ist er dazu nicht in der Lage, tritt auch keine strafbefreiende Wirkung ein. In solchen Fällen stellt sich die Selbstanzeige als klassisches Eigentor dar, da der Steuerpflichtige den Finanzbehörden den gesamten strafbewehrten Sachverhalt offen legt, ohne die strafbefreiende Wirkung zu erreichen.

2 Prävention im Wirtschaftsstrafrecht – Die Compliance

Im Wirtschaftsstrafrecht geht es demgegenüber um einen vollkommen anderen Bereich präventiven Handelns. Am Markt existieren zahlreiche Anbieter von Präventionsmaßnahmen. Grundsätzlich ist es sinnvoll, sich als Unternehmer präventiv vor den Gefahren zu schützen, die das unternehmerische Handeln zwangsläufig mit sich bringt. Die damit verbundenen Gefahren für Unternehmen und Unternehmer sowie klassische und moderne Fahndungsschwerpunkte von Staatsanwaltschaften und Steuerfahndungen wurden bereits in den Kapiteln II und IV dargestellt. Allerdings muss sich der Unternehmer in diesem Kontext darüber im Klaren sein, dass es trotz aller Präventivmaßnahmen keinen absoluten Schutz vor Schädigungen des Unternehmens gibt.

Nun bedeutet dies nicht, dass sich der Unternehmer auf die Unvollkommenheit aller Präventivmaßnahmen berufen und diese einfach unterlassen darf. Dem hat schon der Gesetzgeber durch zahlreiche Gesetzesänderungen entgegengewirkt. Obwohl immer wieder zu lesen ist, dass das Gesetz nicht explizit zur Errichtung eines Compliance-Systems verpflichtet, existieren dennoch zahlreiche Vorschriften, welche die Unternehmensleiter indirekt dazu verpflichten, Risikovorsorgesysteme zu errichten. Für die Aktiengesellschaften normiert dies z. B. § 91 Abs. 2 des Aktiengesetzes (AktG). So gehört es zu den Grundsätzen einer ordentlichen Geschäftsleitung, ein Risikovorsorgesystem zu errichten, um die zivil- und strafrechtlichen Risiken zu minimieren.

Obwohl diese Regelung ausdrücklich nur für Aktiengesellschaften gilt, spricht nichts dagegen, den Regelungsgedanken auch auf andere Gesellschaftsformen, wie die Gesellschaft mit beschränkter Haftung (GmbH), die offene Handelsgesellschaft (OHG), die Kommanditgesellschaft (KG) oder die Gesellschaft bürgerlichen Rechts (GbR) zu übertragen. Alle Geschäftsleiter, gleichgültig, ob sie geschäftsführende Gesellschafter, Geschäftsführer oder Vorstand sind, müssen die gesetzlichen Vorschriften beachten. Dazu gehört auch die Pflicht, Gefahren und Risiken, die dem

Unternehmen von außen oder von innen erwachsen können, zu minimieren. In Anbetracht der Unterschiede einzelner Gesellschaftsformen sind die Pflichtenkataloge naturgemäß unterschiedlich. So werden den Geschäftsführer einer GmbH schon deshalb weniger ausdifferenzierte Berichtspflichten treffen, weil die GmbH nicht kapitalmarktbezogen ist und er daher die Risiken und Verpflichtungen am Kapitalmarkt nicht beachten muss.

Entscheidend ist jedoch für alle Geschäftsleiter, den von Gesetzes wegen eingeräumten weiten Ermessensspielraum nicht zu überschreiten. In diesem Kernbereich unternehmerischer Tätigkeit wird sich der Unternehmer aller Informationsmöglichkeiten bedienen, um dann eine Entscheidung zu treffen. Dazu wird er in aller Regel zunächst die unternehmensinternen Quellen aus den eigenen Abteilungen nutzen. Ist sich der Unternehmensleiter schließlich dennoch nicht endgültig sicher, welche Entscheidung er treffen soll, oder verbleiben ungeklärte Rechtsfragen, ist es dringend notwendig, noch Rat von dritter Seite zu holen. An diesem Punkt kann z. B. sinnvolle Präventionstätigkeit durch Dritte ansetzen.

Klassische Präventionsarbeit ist auch im Bereich der Korruptionsbekämpfung möglich. Um hier anhand der individuellen Struktur des Unternehmens und der jeweiligen Anfälligkeit einzelner Unternehmensbereiche für Korruption ein ausgewogenes Präventionskonzept etablieren zu können, ist es unzureichend, nur die eigenen Unternehmensmitarbeiter einzuschalten. Diese sind oft gerade beim Thema Korruption betriebsblind. Andererseits heißt dies nicht, dass Korruptionskonzepte allein durch dritte Berater erarbeitet werden können. Es ist von entscheidender Bedeutung, das Knowhow der externen Berater mit den besonderen Kenntnissen der Unternehmensmitarbeiter aus den Bereichen Compliance und Recht/Steuern zu kombinieren.

Bei der Erarbeitung eines Systems zur Korruptionsbekämpfung ist vor allem darauf zu achten, was Korruption ausmacht. Versteht man das Wesen der Korruption, lässt sich auch im eigenen Unternehmen gezielt nach den neuralgischen Punkten fahnden. Was also zeichnet Korruption aus? Kurz gefasst: fehlende Transparenz. Korruption ist vor allem möglich, weil es den korrupten Mitarbeitern gelingt, ihre Geschäftspraktiken geheim zu halten, sie vor den Augen und Ohren der übrigen Belegschaft und vor allem vor der eigenen Revisions- und Compliance-Abteilung zu verbergen. Um die Mauern des Schweigens durchbrechen zu können, ist es wichtig, ein System zu etablieren, welches einerseits sicherstellt, dass Korruptionsfälle für die eigene Compliance-Abteilung erkennbar und vermeidbar sind, und das es andererseits vorsieht, Anzeigemöglichkeiten für Mitarbeiter zu schaffen, ohne diese der Öffentlichkeit auszusetzen. Zu diesen Maßnahmen zählen u. a.

- die lückenlose (elektronische) Dokumentation von Entscheidungsvorgängen bei Vertragsverhandlungen oder Auftragsvergaben an Drittunternehmen, auch und gerade bei Auslandsgeschäften,
- die Einführung eines Vier- oder Sechs-Augen-Prinzips vor Abschluss von wichtigen Verträgen, Steuergestaltungen oder Finanztransaktionen,
- die Einführung eines →Whistleblower-Systems,
- die Einrichtung eines →Ombudsmann-Systems.

Bei diesen wichtigen Maßnahmen darf die Compliance jedoch nicht stehen bleiben. Um dauerhaft das Risiko der Korruption minimieren zu können, muss über die Überwachung der Mitarbeiter hinaus eine unternehmenseigene Ethik etabliert werden, der sich alle Mitarbeiter unabhängig von ihrer Stellung im Unternehmen gleichermaßen verpflichtet fühlen. Ein solcher Ethik-Kodex darf selbstverständlich nicht nur im Unternehmen gelten, sondern muss auch für das Verhältnis des Unternehmens zu Dritten Bestand haben. Kleinere Betriebe haben es aber oftmals schwer, korrupte Geschäftspartner loszuwerden, da auf Grund wirtschaftlicher Abhängigkeit nicht selten die Insolvenz des Betriebs drohen würde. Hingegen haben mittelständische Unternehmen und Großunternehmen die Möglichkeit, sich dieser Geschäftspartner umgehend zu entledigen, sie quasi auf die interne Korruptionsliste zu setzen und so – als private Sanktion – von weiteren Aufträgen auszuschließen. Ferner sollte man in Anlehnung an den unternehmensinternen Ethik-Kodex bei gemeinsamen Unternehmungen einen allgemein gültigen Geschäftskodex vereinbaren, in dem sich beide Seiten zu wettbewerbsgemäßem Verhalten unter Einhaltung der gültigen Gesetze und Richtlinien verpflichten. Ein solcher Ethik-Pakt stärkt die Geschäftsbeziehungen und verbessert das Ansehen des eigenen Unternehmens als Streiter wider die Korruption.

Unternehmen sollten in diesem Zusammenhang die Möglichkeiten erkennen, die ihnen mit der Einrichtung eines Korruptionsbekämpfungssystems offeriert werden. Nicht nur werden wirtschaftliche Schäden vermieden. Durch ein positives Bild des Unternehmens in der Außendarstellung wird auch dessen Stellung entscheidend gestärkt. Umgekehrt formuliert: Wie sensibel z. B. die Börsen auf Korruption im Bilanzbereich reagieren, haben zuletzt die zahlreichen nationalen wie internationalen Fälle deutlich gezeigt. Hier Zeichen zu setzen und den Kampf zum Wohle des Unternehmens aufzunehmen, wird eine der Kernaufgaben sein, denen sich Unternehmer in Zukunft stellen müssen.

3 Möglichkeiten und Schranken des Syndikusanwalts

Bei der Prävention kommt es neben der Etablierung eines funktionstüchtigen Compliance-Systems vor allem darauf an, dass es im Unternehmen eine zentrale Ansprechperson gibt. In der Regel wird dies neben den zuständigen Vorständen oder Geschäftsführern ein Unternehmensjurist sein, der zudem noch eine Rechtsanwaltszulassung besitzt: der Syndikusanwalt.

Der Syndikusanwalt ist in Rechtsfragen, typischerweise als Leiter der Abteilung Recht, zentraler Ansprechpartner für die Unternehmensleitung. Er ist mit den Rechtsfragen vertraut und kennt als Unternehmensmitarbeiter die Strukturen seines Betriebes. Aus diesem Grunde ist er für eine ausgewogene und stringente Präventionsarbeit unerlässlicher Partner. Dies gilt auch für beratende Dritte. Für sie ist der Syndikusanwalt auf fachlicher Ebene natürlicher Gesprächspartner, mit dem Einzelfragen diskutiert und Entscheidungen – teils nach Rücksprache des Syndikusanwalts mit seiner Unternehmensleitung – getroffen werden können.

So wichtig der Syndikusanwalt unternehmensintern ist, so beschränkt sind seine Möglichkeiten, für sein Unternehmen auch im Außenverhältnis aufzutreten. Als zugelassener Rechtsanwalt unterliegt der Syndikusanwalt ebenfalls den Regelungen der Bundesrechtsanwaltsordnung (BRAO). § 46 BRAO untersagt dem Syndikusanwalt, für seinen Arbeitgeber vor „Gerichten oder Schiedsgerichten in seiner Eigenschaft als Rechtsanwalt" tätig zu werden. Verkürzt gesprochen heißt dies, dass er zwar sein Unternehmen gegenüber Behörden – auch Strafverfolgungsbehörden – nach außen hin vertreten darf, diese Vertretungsbefugnis jedoch endet, wenn Gerichte mit einbezogen werden. Bei staatsanwaltlichen Ermittlungen oder Ermittlungen der Steuerfahndung taucht dabei regelmäßig das Problem auf, ob der Syndikusanwalt auch formell nach außen hin tätig werden darf, wenn die Staatsanwaltschaft, mit einem richterlichen →Durchsuchungsbeschluss versehen, die Geschäftsräume durchsucht. Obwohl hier angesichts eines Durchsuchungsbeschlusses ein Gericht in das →Ermittlungsverfahren mit einbezogen ist, bleibt doch aus juristischer Sicht die Staatsanwaltschaft „Herrin des Verfahrens“. Das Gericht nimmt hier also nur eine Art Hilfsfunktion ein. Der Syndikusanwalt darf daher Verhandlungen mit der Staatsanwaltschaft führen und die Durchsuchung überwachen. Indes ist es ihm angesichts des klaren Wortlauts der Vorschrift des § 46 BRAO nicht gestattet, für seinen Arbeitgeber vor Gericht als Rechtsanwalt aufzutreten, also z. B. Beschwerde gegen einen Durchsuchungsbeschluss einzureichen. Auch der zuständige Ermittlungsrichter ist ein Gericht im Sinne des § 46 BRAO.

Diese Beschränkung des Syndikusanwalts gilt übrigens erst recht, wenn es um die anwaltliche Vertretung von Mitgliedern des vertretungsberechtigten Organs der Gesellschaft geht. Des Öfteren kommt es vor, dass Vorstände, die ins Visier der Strafverfolger geraten sind, sich an den Syndikusanwalt wenden und diesen bitten, sie anwaltlich zu vertreten. Gerade hier können aber Interessenkollisionen auftreten, weil das Interesse des Mandanten konträr zum Interesse des Arbeitgebers des Syndikusanwalts, des Unternehmens, laufen kann. Eine regelgerechte Verteidigung des Mandanten ist dann ausgeschlossen. In all diesen Fällen muss sich das Unternehmen bzw. der Vorstand eines externen Rechtsanwalts bedienen.

Im Übrigen taucht öfter die Frage auf, ob dem Syndikusanwalt ein →Zeugnisverweigerungsrecht gem. § 53 Abs. 1 Nr. 3 der Strafprozessordnung (StPO) in seiner Funktion als Rechtsanwalt zusteht. In der Praxis ist dies äußerst umstritten. Schon der Wortlaut der Norm schließt Syndikusanwälte nicht per se vom Recht, das Zeugnis zu verweigern, aus. Auch § 46 BRAO, der immerhin ein partielles Vertretungsverbot für Syndikusanwälte normiert, spricht für die Einbeziehung des Syndikusanwalts in den Anwendungsbereich des § 53 Abs. 1 Nr. 3 StPO. Denn nach § 46 BRAO schließt die Tätigkeit als Syndikusanwalt die Zulassung zur Rechtsanwaltschaft nicht aus. Daraus folgt, dass der Syndikus mit der Zulassung zur Rechtsanwaltschaft jedenfalls eine Qualifikation erlangt hat, die ihn – bis auf die partielle Vertretungsbeschränkung des § 46 BRAO – in standesrechtlicher Hinsicht den frei praktizierenden Rechtsanwälten gleichstellt.

Dies sind jedoch nur formal-rechtliche Erwägungen. Demgegenüber ist in →materiell-rechtlicher Hinsicht von entscheidender Bedeutung, dass § 53 Abs. 1 Nr. 3 StPO das dort verankerte strafprozessuale Zeugnisverweigerungsrecht an das Bild eines von jedweder Art der Abhängigkeit freien Rechtsanwalts knüpft. Das Zeugnisverweigerungsrecht soll es jedem Bürger ermöglichen, sich unabhängigen Rechtsrat einzuholen, ohne dass er befürchten muss, dass im Zuge der Beratung offen gelegte Informationen gegen ihn verwendet werden können. Diese Unabhängigkeit kommt Syndikusanwälten bei einer Tätigkeit für ihren Arbeitgeber jedoch in der Regel nicht zu. Bereits die vertragliche Bindung des Syndikusanwalts an seinen Auftraggeber, die damit verbundene ökonomische Abhängigkeit und die Weisungsgebundenheit im Vertragsverhältnis sprechen gegen dessen Unabhängigkeit. Es liegt typischerweise gerade kein Sachverhalt vor, der in den Schutzbereich des § 53 Abs. 1 Nr. 3 StPO fällt.

Wie gesagt, das Zeugnisverweigerungsrecht ist umstritten. Es ist nicht auszuschließen, dass Staatsanwaltschaften und Gerichte den Syndikusanwälten ein Zeugnisverweigerungsrecht zugestehen. Indes sollte diese Problematik in der Praxis nicht zu hochgespielt werden. In der Regel hilft die Aussage des Syndikusanwalts den betroffenen Unternehmen, da er detailliert die Prozesse und Geschäftsabläufe kennt und daher am ehesten in der Lage sein wird, den Staatsanwaltschaften die wirkliche Lage aus Sicht des Unternehmens zu verdeutlichen. Insofern kann ein Syndikusanwalt ein hilfreicher Zeuge sein, dessen Aussage man sich durch die Berufung auf ein Zeugnisverweigerungsrecht nicht verbauen sollte.

Werden angesichts der Vertretungsbeschränkung des § 46 BRAO externe Rechtsanwälte eingesetzt, ist es – jedenfalls, wenn es nur um die Wahrung der Interessen des Unternehmens geht – angebracht, dass der Syndikusanwalt weiter intern berät. Dabei können auch Besprechungen zwischen Syndikusanwalt und externem Rechtsanwalt stattfinden. Insofern ergänzen sich externer Rechtsanwalt und Syndikusanwalt ideal zum Wohle des Unternehmens.

4 Umgang mit der Presse

Schon zu Beginn dieses Buches wurde darauf aufmerksam gemacht, dass mit Straftaten im Unternehmen erhebliche Imagerisiken verbunden sind, die in aller Regel auch wirtschaftliche Auswirkungen haben. Das Image eines Unternehmens wird aber nicht nur in strafrechtlich relevanten Situationen sowohl von der Informationspolitik als auch vom allgemeinen Umgang mit der Presse geprägt. Was ist dabei zu beachten? Im Folgenden ein paar Hinweise, die sich in der Praxis bewährt haben:

- Pressearbeit erfordert professionelle Unterstützung. Hat ein Unternehmen keine eigene Abteilung, die sich mit der Presse- und Öffentlichkeitsarbeit beschäftigt, ist es anzuraten, PR-Berater zu beauftragen. Diese können in Absprache mit der Unternehmensleitung und dritten Beratern, z. B. Anwälten, juristisch korrekt und mediengerecht ein Informationskonzept entwerfen, welches dem Unternehmen hilft, negative Publizität möglichst zu vermeiden.

- Treten Mitglieder der Unternehmensleitung vor die Presse, ist eine professionelle, offene Kommunikation erforderlich. Der Unternehmer muss vorbereitet, d. h. informiert, vor die Journalisten treten. Schwierig wird es dagegen, wenn Unternehmer beginnen, den Fragen der Journalisten auszuweichen. Dies drückt sich oft in einer verklausulierten und umständlichen Sprache aus. Offene Kommunikation bedeutet daher auch stringente und verständliche Kommunikation.

- Die Unwahrheit zu sagen verbietet sich. Auch Journalisten haben ihre Arbeit gelernt. Werden Fakten vertuscht oder falsch dargestellt, ist es stets nur eine Frage der Zeit, bis die Wahrheit – meist durch Recherche der Journalisten – ans Licht kommt. Der dann eintretende Schaden ist meist größer als derjenige, den der Unternehmer mit der Unwahrheit vermeiden wollte.

Diese Hinweise erheben keinen Anspruch auf Vollständigkeit. Ausnahmen sind möglich und natürlich. Dies gilt insbesondere für Situationen, in denen die Presse- und Öffentlichkeitsabteilung und/oder PR-Berater nichts mehr vorbereiten können. Dies ist etwa bei öffentlich bekannt gewordenen Durchsuchungen der Fall, bei denen sich der Unternehmer plötzlich mit einer Schar fragender Journalisten konfrontiert sieht. Bevor hier zu schnell Informationen weitergegeben werden, empfiehlt es sich, zunächst nichts zu sagen und auf eine noch anzuberaumende Pressekonferenz zu verweisen. Dann ist ausreichend Zeit, sich vorzubereiten. Bitte nicht vergessen: Informieren Sie auch die Mitarbeiter, die das Unternehmensgelände verlassen, darüber, dass diese absolutes Stillschweigen zu bewahren haben. Wenn notwendig und möglich, sollten Sie bei brisanten Sachverhalten zusätzliche Verschwiegenheitserklärungen aufsetzen und sich von den Mitarbeitern unterzeichnen lassen. Treffen Sie solche Entscheidungen indes nicht überhastet, sondern wohl abgewogen.

Schließlich kommt es auch vor, dass Journalisten über die Strenge schlagen. Immer öfter liest man in Zeitungen Gegendarstellungen oder findet in Internetausgaben einstmals veröffentlichte Artikel nicht mehr wieder. Bestimmte Berichte können durchaus die Straftatbestände der Nötigung, der Beleidigung und der Verleumdung erfüllen und werden nicht durch das Grundrecht auf freie Meinungsäußerung geschützt. Die Grenzen sind zugegebenermaßen oft fließend und nur schwer fassbar. In eindeutigen Fällen sollte jedoch auch vor entsprechenden gerichtlichen Schritten nicht zurückgeschreckt werden. Gleiches gilt, wenn Medienvertreter die Privatsphäre verletzen. Handelt es sich bei dem Betroffenen nicht um eine „Person der Zeitgeschichte", sind der öffentlichen Berichterstattung erhebliche Grenzen gesetzt. In all diesen Fällen ist es möglich, durch eine bei Gericht zu erwirkende →einstweilige Anordnung die Publikation zu stoppen, Artikel löschen zu lassen oder den Abdruck von Gegendarstellungen zu erzwingen.

„Nett, Sie kennenzulernen."

IX Wie geht es weiter? Ein Ausblick

Wie wird sich das Vorgehen der Strafverfolgungsbehörden in den nächsten Jahren verändern? Vieles deutet darauf hin, dass jedenfalls nicht mit einer milderen Gangart zu rechnen ist. Vielmehr sind Rechtsprechung und Gesetzgebung bestrebt, den Bereich Wirtschafts- und Steuerkriminalität weiter vehement zu bekämpfen, wie folgende Punkte exemplarisch zeigen:

Bekämpfung der Schwarzarbeit

Dass der Kampf gegen Schwarzarbeit von Seiten des Staates besonders ernst genommen wird, zeigen jüngst veröffentlichte Zahlen. Nach der Jahresstatistik 2005 der Bundeszollverwaltung haben rund 7.000 Zöllner der Finanzkontrolle Schwarzarbeit (FKS) Schwerpunktprüfungen in besonders anfälligen Branchen durchgeführt. Dazu gehören u.a. die fleischverarbeitende Industrie, das Hotel- und Gaststättengewerbe, das Baugewerbe sowie der Speditions-, Transport- und Logistikbereich. Bei diesen Prüfungen haben die Beamten in jedem siebten Fall Anhaltspunkte auf Schwarzarbeit festgestellt. Insgesamt ist es 2005 zu 355.876 Personenüberprüfungen an der Arbeitsstelle gekommen. Weiterhin wurden 78.316 Prüfungen bei Arbeitgebern durchgeführt. In diesem Kontext wurden Bußgelder in einer Gesamthöhe von 67,1 Millionen Euro festgesetzt. Der durch Schwarzarbeit entstandene Schaden liegt indes ungleich höher. Er wird von der Bundeszollverwaltung mit 562,8 Millionen Euro beziffert.

Bekämpfung der Korruption

Am 19. September 2005 hat die Senatsverwaltung für Justiz in Berlin den Entwurf eines Gesetzes zur Einrichtung und Führung eines Registers über korruptionsauffällige Unternehmen in Berlin (Korruptionsregistergesetz – KRG) vorgelegt. Im Interesse einer effektiveren Korruptionsbekämpfung und Prävention soll eine zentrale Stelle eingerichtet werden, die Informationen über die Unzuverlässigkeit von natürlichen und juristischen Personen sammelt und in einem Register bereitstellt. Ziel dieses Registers ist es, die öffentlichen Auftraggeber bei der Prüfung der Zuverlässigkeit von Bietern, Bewerbern sowie potenziellen Auftragnehmern zu unterstützen.

Bekämpfung des Umsatzsteuerbetrugs

Zur Zeit wird wieder verstärkt über die Bekämpfung des Umsatzsteuerbetrugs nachgedacht. Das Umsatzsteueraufkommen wird erheblich durch grenzüberschreitende Karussellgeschäfte geschädigt. Das Ifo-Institut schätzt, dass es durch Umsatzsteuerhinterziehung im Jahr 2001 zu Steuermindereinnahmen von circa 14 Milliarden Euro gekommen ist. Für das Jahr 2003 prognostiziert das Institut Mindereinnahmen von rund 17,6 Milliarden Euro. Diese Zahlen zeigen die Bedeutung der Bekämpfung des Umsatzsteuerbetrugs. Aus diesem Grunde haben Österreich und Deutschland bei der EU-Kommission beantragt, das so genannte Reverse-charge-Verfahren einzuführen. Beim Reverse-charge-Verfahren wird die Steuerschuldnerschaft für einen steuerpflichtigen Umsatz in der Unternehmerkette oberhalb eines Rechnungsbetrags von 5.000 EUR bzw. 10.000 EUR generell vom leistenden Unternehmer auf den Leistungsempfänger übertragen und die gegenseitige Leistungsbeziehung durch Übermittlung spezieller Rechnungsnummern an die jeweils zuständigen Finanzämter transparent gemacht (so genannter Cross-check). Dem Leistungsempfänger wird danach lediglich ein Nettobetrag in Rechnung gestellt und die Verpflichtung auferlegt, die fällige Umsatzsteuer an das Finanzamt zu entrichten. Dabei meldet er zugleich seinen Umsatzsteuer-Erstattungsanspruch (Vorsteueranspruch) in entsprechender Höhe an, so dass eine Verrechnung der beiden Beträge stattfindet. Eine unberechtigte Erstattung von Umsatzsteuer ist damit grundsätzlich ausgeschlossen.

Diese Änderungen hätten aber nach Auffassung der EU-Kommission das Mehrwertsteuer-System in der EU grundlegend verändert. Eine solche Änderung könne aber nicht von zwei Mitgliedstaaten einzeln vorgenommen werden. Vielmehr sei dafür ein Gesetzesvorschlag zur Änderung der 6. EG-Richtlinie zur Umsatzsteuer notwendig, der vom Ministerrat einstimmig angenommen werden muss. Ob es dazu kommt, ist derzeit noch offen, obwohl auch die EU-Kommission dringenden Handlungsbedarf erkennt. Schätzungen zufolge summiert sich der Steuerschaden in der gesamten EU auf circa 200 bis 250 Milliarden Euro.

Bis zu einer möglichen Einführung des Reverse-charge-Verfahrens will man in Deutschland andere Mittel zur Bekämpfung des Umsatzsteuerbetrugs einsetzen. So hat jüngst die SPD-Fraktion erneut vorgeschlagen, die Ermittlungsmöglichkeiten der zuständigen Strafverfolgungsstellen bei Umsatzsteuerkarussellen zu optimieren. Dazu müssten insbesondere die Möglichkeiten der Telefonüberwachung verbessert werden. Diese ist nach

§ 100 a der Strafprozessordnung (StPO) bisher nur bei besonders schweren Straftaten (z. B. Hochverrat, Landesverrat, Mord, Totschlag, Völkermord, Erpressung, gewerbsmäßige Hehlerei, Brandstiftung etc.) zulässig. Zudem müsse die vom Bundesgerichtshof kritisierte Vorschrift der banden- und gewerbsmäßigen Steuerhinterziehung nach § 370 a der Abgabenordnung (AO) kurzfristig neu geregelt werden. Der 5. Strafsenat des Bundesgerichtshofs hält die Norm in ihrer derzeitiger Form für verfassungswidrig.

Verstärkte Fahndung nach Bargeld an den EU-Außengrenzen

Nach einer ab 15. Juni 2007 geltenden EG-Verordnung, die eine entsprechende Änderung der Befugnisse von Zollbeamten nach sich zieht, wird der Bargeldtransfer über die EU-Außengrenzen stärker unter die Lupe genommen. Die bisherige Anmeldepflicht auf Verlangen wird durch eine generelle Anmeldepflicht ersetzt und die einschlägige Freigrenze von 15.000 EUR auf 10.000 EUR herabgesetzt werden. Auch wenn die Verschärfung der Rechtslage als Pendant zur 3. EU-Geldwäscherichtlinie primär der Finanzierung des internationalen Terrorismus entgegen wirken soll, können die Strafverfolgungsbehörden die an der Grenze gewonnenen Informationen – wie bereits nach geltendem Recht – zur Verfolgung von Steuerstraftaten nutzen.

Bekämpfung der Wirtschafts- und Steuerkriminalität

Dass trotz der zahlreichen Wirtschaftsstrafverfahren noch nicht von einer effizienten Strafverfolgung die Rede sein kann, hat zuletzt der 5. Strafsenat des Bundesgerichtshofs in seinem Urteil im so genannten Kölner Müllskandal reklamiert. Nach den Erfahrungen des Senats komme bei einer Vielzahl von großen Wirtschaftsstrafverfahren eine adäquate Bestrafung allein deswegen nicht in Betracht, weil für die gebotene Aufklärung des komplexen Sachverhalts keine ausreichenden justiziellen Ressourcen zur Verfügung stünden. Aus diesem Grunde fordert der 5. Strafsenat in einem rechtspolitischen Diktum, das für ein Urteil völlig untypisch ist, eine spürbare Stärkung der Justiz im Bereich des Wirtschafts- und Steuerstrafrechts. Nur auf diese Weise werde es möglich sein, dem drohenden Ungleichgewicht zwischen der Strafpraxis bei der allgemeinen Kriminalität und der Strafpraxis in Steuer- und Wirtschaftsstrafverfahren entgegenzutreten und dem berechtigten besonderen öffentlichen Interesse an einer effektiven Strafverfolgung schwerwiegender Wirtschaftskriminalität gerecht zu werden. Die damalige Vorsitzende des 5. Strafsenats und nunmehr neue Generalbundesanwältin, Monika Harms, hat zudem eine stärkere Spezialisierung von Strafrichtern gefordert. Eine entsprechende Änderung der Personalpolitik sei notwendig, um das Strafverfahren aus den Schieflagen herauszumanövrieren. Richter dürften im Verhältnis zu hoch spezialisierten Verteidigten nicht ins Hintertreffen geraten, insbesondere bei Wirtschaftsstrafverfahren.

Bekämpfung des Missbrauchs von Gesellschaften

Das Bundesjustizministerium hat am 29. Mai 2006 den Referentenentwurf des Gesetzes zur Modernisierung des GmbH-Rechts und zur Bekämpfung von Missbräuchen (MoMiG) vorgelegt. Neben dem Versuch, Unternehmensgründungen zu erleichtern, sollen vor allem Missbräuche der GmbH in der Krise durch so genannte Firmenbestatter, die angeschlagene Gesellschaften durch Abberufung von Geschäftsführern und durch Aufgabe des Geschäftslokals einer ordnungsgemäßen Insolvenz zu entziehen versuchen, verhindert werden. Zu den dazu gehörenden Maßnahmen gehört u. a. die Einführung eines neuen Ausschlussgrundes für Geschäftsführer. Danach können natürliche Personen, die bereits wegen Straftaten nach den §§ 399 bis 401 Abs. 1 AktG und §§ 82, 84 Abs. 1 GmbHG bestraft wurden, nicht Geschäftsführer werden. Damit gehört nun auch der weite Bereich der Insolvenzverschleppung zu den Ausschlussgründen.

„Sie sitzen wegen Korruption ...“

X Checklisten

Die folgenden Checklisten sind nicht abschließend. Sie können nur als Anhaltspunkte für die Prüfung von korruptions- oder geldwäscheverdächtigen Vorgängen bzw. für das Verhalten bei Durchsuchungen dienen.

1 Hinweise auf Korruption

Hinweis	... feststellbar? Ja	Nein
Gezieltes Umgehen oder Übersehen von gesetzlichen Vorschriften oder internen Richtlinien	☐	☐
Häufung von Unregelmäßigkeiten im Umgang mit gesetzlichen Vorschriften oder internen Richtlinien	☐	☐
Abweichungen zwischen tatsächlichem Geschäftsvorgang und Dokumentation	☐	☐
Ungewöhnliche Entscheidungen ohne nachvollziehbare Begründung	☐	☐
Unterschiedliche Bewertung von Geschäftsvorfällen mit gleichem Sachverhalt und verschiedenen Personen	☐	☐
Erteilung von Genehmigungen oder Zusagen unter Umgehung der zuständigen Abteilungen	☐	☐
Gezielte Umgehung von Kontrollen	☐	☐
Abschottung einzelner Aufgabenbereiche gegenüber Dritten	☐	☐
Verheimlichung von Geschäftsvorgängen	☐	☐
Auffallend kurze Bearbeitungs- oder Verhandlungszeiten bei einzelnen Entscheidungen	☐	☐
Einseitige Parteinahme ohne nachvollziehbare Begründung	☐	☐
Verharmlosung des Wirtschaftlichkeitsprinzips	☐	☐
Versuch der Einflussnahme auf Entscheidungen in anderen Zuständigkeitsbereichen	☐	☐
Stillschweigende Duldung von Fehlverhalten	☐	☐
Keine oder nur schwach ausgeprägte Beaufsichtigung	☐	☐
Längere Aufgabenkonzentration auf eine Person	☐	☐

Hinweis	… feststellbar? Ja	Nein
Auffallend entgegenkommende Behandlung bestimmter Personen und/oder auffallend abweisende Behandlung bestimmter Personen	☐	☐
Vermeiden des Einholens von Vergleichsangeboten	☐	☐
Erhebliche und/oder wiederholte Überschreitung der vorgesehenen Auftragswerte	☐	☐
Wiederholte Anschaffungen zu marktunüblichen-Preisen	☐	☐
Unsinnige Anschaffungen	☐	☐
Abschluss langfristiger Verträge mit ungünstigen Konditionen für das eigene Unternehmen	☐	☐
Häufung von angeblichen Rechenfehlern	☐	☐
Häufige Nachbesserung von Leistungsaufstellungen	☐	☐
Eingänge von Angeboten ohne Eingangsstempel bei Auftragsvergaben	☐	☐
Nebentätigkeiten von Beschäftigten oder deren nahen Familienangehörigen für Unternehmen, die gleichzeitig Geschäftspartner des eigenen Unternehmens sind	☐	☐
Kumpelhafter Umgangston	☐	☐
Auffällige Nachgiebigkeit bei Vertragsverhandlungen	☐	☐
Häufige Dienstreisen zu bestimmten Geschäftspartnern	☐	☐
Häufige Besuche bestimmter Geschäftspartner im eigenen Unternehmen	☐	☐
Ausbleiben von Konflikten zwischen Geschäftspartnern, zwischen denen üblicherweise Konflikte entstehen	☐	☐

2 Hinweise auf Geldwäsche

I. Anhaltspunkte in der Person des Kunden	**... feststellbar?** Ja	Nein
Kunde verlangt Anonymität	☐	☐
Kunde versucht, persönlichen Kontakt zum Verpflichteten ohne erkennbaren Grund zu vermeiden	☐	☐
Kunde versucht, seine wahre Identität zu verschleiern	☐	☐
Kunde erteilt falsche oder irreführende Auskünfte	☐	☐
Kunde verweigert notwendige und für das Geschäft übliche Auskünfte bzw. Unterlagen	☐	☐
Kunde bittet den Verpflichteten um eine Dienstleistung, die auch ein Verpflichteter aus der Region, in welcher der Kunde lebt, erbringen kann, ohne dass er für diesen Wunsch eine akzeptable Erklärung (z. B. Spezialwissen des Verpflichteten) geben kann	☐	☐
Kunde wechselt innerhalb kurzer Zeit immer wieder den Verpflichteten, ohne dass eine akzeptable Erklärung für dieses Verhalten ersichtlich ist	☐	☐
Versuch des Aufbaus eines über das normale Maß hinausgehenden Vertrauensverhältnisses	☐	☐
Versuch der Schaffung eines Abhängigkeitsverhältnisses	☐	☐

II. Auffällige Geschäfte	... feststellbar? Ja	Nein
Kunde hat wichtige und/oder häufige Geschäftsbeziehungen zu Drogenproduktionsländern oder zu Ländern, die auf der →FATF-Liste der nichtkooperativen Staaten genannt sind	☐	☐
Kunde tätigt Immobilienkäufe oder -verkäufe weit unter oder über dem Wert der Immobilie	☐	☐
Kunde tätigt Immobilieneinkäufe für Personen, die sonst keinen Bezug zu Deutschland haben	☐	☐
Kunde tätigt Immobiliengeschäfte, die in keinem Verhältnis zu seiner sozioökonomischen Situation stehen	☐	☐

III. Anhaltspunkte aus dem Geschäft selbst

Kunde ist an einer Aufklärung über Kosten, die mit der Durchführung des Geschäfts verbunden sind, nicht interessiert	☐	☐
Kunde gründet innerhalb kurzer Zeit in seinem Namen oder im Namen anderer Personen verschiedene Firmen, ohne dass es dafür einen legitimen steuerlichen, rechtlichen oder wirtschaftlichen Grund zu geben scheint	☐	☐
Kunde beabsichtigt einen Firmenmantel zu erwerben, ohne dass dies aus Sicht des Verpflichteten im konkreten Fall nachvollziehbar ist	☐	☐
Kunde nutzt Briefkastenfirmen, Off-Shore-Gesellschaften oder ausländische Firmen bzw. beabsichtigt, sich solcher Firmen zu bedienen, ohne dass es hierfür einen legitimen steuerlichen, rechtlichen oder wirtschaftlichen Grund zu geben scheint	☐	☐

IV. Auffällige Zahlungsmodalitäten	**... feststellbar?** **Ja**	**Nein**
Kunde versucht, unbare Zahlungen zu vermeiden	☐	☐
Die Zahlungsverpflichtungen werden durch Dritte („Strohmänner") erfüllt	☐	☐
Zahlungen zu Gunsten des Klienten auf das Konto des Verpflichteten werden von Personen, Firmen oder Finanzinstituten geleistet, die in einem Staat ansässig sind, die auf der →FATF-Liste der nicht kooperativen Staaten und Gebietskörperschaften genannt sind	☐	☐

V. Sonstige Anhaltspunkte

Ausübung von Tätigkeiten, die sich außerhalb des im Gesellschaftervertrages angegebenen Geschäftszwecks bewegen	☐	☐
Unverzügliche Zahlung von in Rechnung gestellten Beträgen, die in keinem Verhältnis zu den sonstigen finanziellen Möglichkeiten des Unternehmens stehen	☐	☐
Unternehmen verfügt über keine Beschäftigten, was für die Art des Betriebes ungewöhnlich ist	☐	☐
Das Unternehmen erwirbt Privatvermögen und Konsum- bzw. Luxusgüter in großem Umfang, wobei die damit verbundenen Transaktionen nicht im Einklang mit der Praxis des betreffenden Geschäfts stehen	☐	☐

3 Verhaltensanweisungen bei Durchsuchungen und Beschlagnahmen

- Steuerfahndung ist Steuereintreibung und Steuerstrafverfolgung unter massivem Einsatz der hoheitlichen Möglichkeiten des Staates. Sie ist heutzutage ein häufig eingesetztes Mittel zur Aufklärung steuerlicher Sachverhalte. Wird ein Steuerstrafverfahren gegen Sie eingeleitet, werden Sie dadurch noch nicht zum Kriminellen. Notwendig ist aber eine adäquate Verteidigung.

- Als →Ermittlungspersonen der Staatsanwaltschaft stehen den Steuerfahndungsbeamten annähernd die gleichen Kompetenzen zu wie der Staatsanwaltschaft selbst. Eine Verteidigung muss auch die Rolle der Steuerfahndung im laufenden Besteuerungsverfahren berücksichtigen.

- Ermittlungsverfahren im steuerlichen Bereich werden in der Regel zunächst ohne Benachrichtigung des Betroffenen geführt. Oftmals erlangt der Betroffene von einem solchen Ermittlungsverfahren erst Kenntnis, wenn die Steuerfahndung vor der Tür steht.

- Durchsuchungen beginnen in der Regel morgens zu den entsprechenden Bürozeiten. Nachtdurchsuchungen, die nur in einem ganz eng umrissenen Bereich zulässig sind, finden kaum statt. Die Stärke der „Ermittlungsmannschaft“ bestimmt sich nach Art und Größe des Unternehmens. In aller Regel werden nicht mehr als drei bis zehn Beamte bei Ihnen ermitteln.

- Rufen Sie umgehend Ihren Steuerberater und Ihren Anwalt an. Dieses Recht kann Ihnen die Steuerfahndung auch unter Hinweis auf eine eventuell ausgesprochene Telefonsperre nicht verwehren. Die Beamten dürfen allenfalls nachprüfen, ob Sie wirklich Ihren Verteidiger bzw. Steuerberater anrufen. Das Gespräch selbst dürfen die Beamten nicht mithören. Bitten Sie die Beamten, auf das Eintreffen Ihres Beraters zu warten. Beachten Sie aber, dass die Beamten zu einem solchen Entgegenkommen nicht verpflichtet sind. Bestehen Sie darauf, dass die Durchsuchung nur in Gegenwart von Zeugen durchgeführt wird. Dies ist nach § 105 Abs. 2 der Strafprozessordnung (StPO) Ihr Recht.

- Lassen Sie sich eine Kopie des richterlichen Durchsuchungsbeschlusses aushändigen. Vergleichen Sie den vom leitenden Durchsuchungsbeamten mündlich angegebenen Zweck der Durchsuchung mit dem im Durchsuchungsbeschluss genannten Zweck. Vermerken Sie Abweichungen und weisen Sie den leitenden Beamten darauf hin. Behauptet der Durchsuchungsleiter, er brauche Ihnen den Durchsuchungsbeschluss erst am Ende der Durchsuchung zu übergeben, lassen Sie sich dadurch nicht irritieren. Bitten Sie den Beamten, diese Aussage in Gegenwart eines Zeugen zu wiederholen, und weisen Sie darauf hin, dass das Bundesverfassungsgericht diese Handhabung für verfassungswidrig erklärt hat.

- Beobachten Sie die durchsuchenden Beamten genau. Achten Sie darauf, dass wirklich nach den konkret angegebenen Gegenständen gesucht wird. Eine gezielte Fahndung nach „Zufallsfunden" ist unstatthaft.

- Öfter kommt es vor, dass die Beamten ohne richterlichen Durchsuchungsbeschluss erscheinen. Auch in diesem Fall müssen Sie die Durchsuchung zulassen. Der Durchsuchungsleiter muss Ihnen gegenüber hinreichend begründen, dass Gefahr im Verzug besteht. In einem solchen Fall kann die Staatsanwaltschaft die Maßnahme von sich aus anordnen.

- Lassen Sie sich von jedem Beamten den Dienstausweis vorlegen. Notieren Sie Namen, Dienststellung, Dienstbehörde und Dienstnummer.

- Achten Sie darauf, ob der Durchsuchungsbeschluss noch gültig ist. Nach inzwischen gefestigter Rechtsprechung verliert ein Durchsuchungsbeschluss nach Ablauf eines halben Jahres seine Gültigkeit. Sollte dies der Fall sein, weisen Sie die Beamten ausdrücklich auf die Rechtswidrigkeit der Maßnahme hin.

- Beanstanden Sie den Vollzug der Durchsuchung unverzüglich. Lassen Sie sich davon von den Beamten nicht abbringen, auch wenn diese darauf hinweisen, dass eine Beanstandung nach Vollzug der Maßnahme nicht möglich sei. Dies hat das Bundesverfassungsgericht gegenteilig entschieden.

- Lassen Sie keinen der Beamten während der gesamten Zeit der Durchsuchung aus den Augen. Organisieren Sie möglichst die gleiche Mannschaftsstärke von Leuten Ihres Vertrauens, welche die Beamten überwachen. Hierauf haben Sie nach § 106 Abs. 1 StPO einen Anspruch.

- Behindern Sie die Beamten nicht bei der Durchsuchung. Vereiteln Sie keine Amtshandlung. Darauf kann der Beamte mit einer Festnahme wegen Störung einer Amtshandlung gem. § 164 StPO reagieren. Gleiches gilt für den Versuch, eventuell belastendes Material herauszuschmuggeln.

- Enthalten Sie sich jeder Äußerung zur Sache. Als Beschuldigter einer Steuerstraftat steht Ihnen ein umfassendes Aussageverweigerungsrecht zu. Darauf müssen Sie die Beamten gem. § 136 StPO hinweisen. Notieren Sie sich, ob eine solche Belehrung stattgefunden hat.

- Bewahren Sie Ruhe. Regen Sie sich nicht auf. Entspannen Sie sich. Professionalität ist Ihr bester Ratgeber. Beleidigen Sie auf keinen Fall die Beamten. Verhalten Sie sich aber auch nicht unterwürfig. Gelassenes Schweigen in sachlicher Atmosphäre ist die beste Verteidigung.

- Sind Sie nicht Beschuldigter einer Steuerstraftat und wird bei Ihnen als Zeuge gem. §§ 103, 105 StPO durchsucht, können Sie zur Zeugenvernehmung herangezogen werden. Bestehen Sie gegenüber den Beamten darauf, nur in Gegenwart eines Zeugenbeistands (Rechtsanwalt/Steuerberater) auszusagen. Darauf haben Sie ein Recht.

- Sind Sie Steuerberater, Rechtsanwalt oder Wirtschaftsprüfer, steht Ihnen ein umfassendes Zeugnisverweigerungsrecht nach § 53 Abs. 1 Nr. 3 StPO zu. Sie müssen nicht aussagen. Sagen Sie unter keinen Umständen aus. Auch dann nicht, wenn die Beamten Sie nachdrücklich dazu auffordern. Die Preisgabe von Geheimnissen des Mandanten kann zu einer Strafbarkeit wegen Preisgabe von Privatgeheimnissen gem. § 203 Abs. 1 Nr. 3 StGB führen.

- Richtet sich der Durchsuchungsbeschluss auf bestimmte Unterlagen, ist es zweckmäßig, diese sofort und vollständig herauszusuchen. Dies führt zur Erschöpfung des Durchsuchungsbefehls. Die Durchsuchung ist damit beendet. Ein weiterer Vorteil ist, dass die Gefahr eines Zufallsfundes vermieden wird. Legen Sie auch die verlangten Kunden- und Lieferkarteien sowie Bankverbindungen und -auszüge zur Vermeidung weiterer, eventuell geschäftsschädigender, Fahndungsmaßnahmen bei Dritten unverzüglich vor, soweit dies verlangt wird.

- Als Steuerberater, Rechtsanwalt oder Wirtschaftsprüfer dürfen Sie keine Unterlagen freiwillig herausgeben. Auch hier droht eine Strafbarkeit gem. § 203 Abs. 1 Nr. 3 StGB. Suchen Sie freiwillig lediglich die Unterlagen heraus, geben Sie diese aber nur unter Protest heraus, d. h., lassen Sie sie beschlagnahmen. Sollte eine freiwillige Herausgabe seitens Ihrer Angestellten erfolgt sein, widersprechen Sie dieser unverzüglich nachträglich.

- Ist im Durchsuchungsbeschluss von einer Durchsuchung der Räumlichkeiten und sonstigen Behältnisse die Rede, müssen Safes, Schließfächer und auch eventuell Pkw geöffnet werden. Interesse werden auch der Terminkalender oder die Reisepläne der Verantwortlichen finden.

- Lassen Sie sich durch Zufallsfunde nicht aus der Ruhe bringen. Geben Sie diesbezüglich keine sofortigen Erklärungen ab.

- Nach Beschlagnahme der Unterlagen sind die Beamten verpflichtet, eine Liste der beschlagnahmten Gegenstände anzufertigen. Diese sollte so genau wie möglich sein. Geben Sie sich nicht mit Grobaufstellungen wie „20 Leitzordner im Paket“ zufrieden. Verlangen Sie eine Auflistung der Aktenordner nach dem auf dem Aktendeckel vermerkten Inhalt und paginieren Sie die Seiten.

- Drängen Sie auf baldige Akteneinsicht durch Ihren Berater.

- Die Wahrscheinlichkeit einer Nachfahndung ist groß. Oft entfernen sich die Fahnder scheinbar endgültig, um nach kurzer Zeit zurückzukehren. Sollten die Beamten keinen weiteren Durchsuchungsbeschluss dabei haben, ist die Durchsuchung allerdings rechtswidrig.

- Machen Sie sich auf ein langes Verfahren gefasst. Das Besteuerungsverfahren sollte zwar grundsätzlich Vorrang vor dem Strafverfahren haben. Bei Ihrer Rechtsverfolgung in Steuersachen sollten Sie allerdings stets die Auswirkungen in strafrechtlicher Sicht im Auge behalten. Nutzen Sie jedes Mittel aus, um umfassende Aktenkenntnisse zu erhalten.

4 Notfallzettel

1. Klingelt eine Gruppe nicht angemeldeter Personen (in der Regel drei bis zehn), stellen Sie zunächst über die Gegensprechanlage fest, ob es sich um Beamte der Steuerfahndung handelt. Sollte dies der Fall sein oder befinden sich die Beamten bereits vor oder in Ihrem Büro, gilt ab jetzt:

BEWAHREN SIE RUHE!

LEITEN SIE KEINE VERZÖGERUNGSMASSNAHMEN EIN!

VERHALTEN SIE SICH STETS UMSICHTIG, HÖFLICH UND KOOPERATIV!

BEGINNEN SIE KEINE AKTENVERNICHTUNGSMASSNAHMEN!

BEHINDERN SIE DIE BEAMTEN NICHT BEI DER AMTSAUSÜBUNG!

2. Rufen Sie **sofort** einen der zuständigen Mitarbeiter an:

____

____

____

BENACHRICHTIGEN SIE AUF KEINEN FALL IN EINER ART RUNDRUF DAS GESAMTE UNTERNEHMEN!

3. Sollte kein Mitarbeiter im Hause sein, lassen Sie sich eine Ausfertigung des richterlichen Durchsuchungs- und Beschlagnahmebeschlusses aushändigen. Bewahren Sie diese sorgfältig und von sonstigen Unterlagen getrennt auf.

4. Der Beschluss ist Ihnen vor Beginn der Durchsuchung auszuhändigen. Sollte sich der leitende Beamte weigern bzw. Ihnen sagen, er werde den Beschluss erst nach Vollzug der Maßnahme übergeben, lassen Sie sich dies in Gegenwart von Zeugen nochmals bestätigen und notieren Sie es auf dem dafür vorgesehenen Zettel.

5. Gelegentlich kommt es vor, dass Räumlichkeiten ohne richterlichen Durchsuchungsbeschluss durchsucht und Gegenstände beschlagnahmt werden. Das dafür notwendige Vorliegen einer „Gefahr im Verzug" wird Ihnen der leitende Beamte mitteilen.

6. Sollte keiner Ihrer Mitarbeiter zur Stelle sein, teilen Sie dies den Beamten mit. Bitten Sie die Beamten, bis zum Eintreffen eines zuständigen Mitarbeiters zu warten.

DIE BEAMTEN BRAUCHEN ABER NICHT AUF DAS EINTREFFEN DES ZUSTÄNDIGEN MITARBEITES ZU WARTEN!

Sie können nach Aushändigung des Durchsuchungsbeschlusses – bzw. bei Gefahr im Verzug auch ohne diesen – ohne Weiteres mit den Ermittlungen beginnen.

7. Bieten Sie – auch um eventuellen unliebsamen Kundenkontakt zu vermeiden – den Beamten einen Besprechungsraum oder die Bibliothek zum Warten an.

8. Verlangen Sie die Vorlage der Dienstausweise und notieren Sie die dienstlichen Daten aller teilnehmenden Personen auf dem dafür vorgesehenen Zettel.

SIE HABEN KEINEN ANSPRUCH DARAUF, DIE DIENSTAUSWEISE ZU KOPIEREN!

Dies wird aber in aller Regel die aufwendige Schreibarbeit verkürzen und auch den Beamten entgegenkommen.

9. Notieren Sie sich auf jeden Fall den Zweck der Durchsuchung, wie er Ihnen vom leitenden Beamten genannt wird.

10. Organisieren Sie möglichst entsprechend der Zahl der teilnehmenden Beamten Mitarbeiter, die jeweils einem Beamten als Zeugen der Durchsuchung zugeordnet werden. Dies auch dann, wenn – was kaum vorkommt – die Beamten eigene Zeugen mitgebracht haben.

11. Achten Sie darauf, dass sich die Beamten innerhalb der im Durchsuchungsbeschluss genannten Befugnisse bewegen. Jedwede Übertretung vermerken Sie auf dem dafür vorgesehenen Zettel.

12. Lassen Sie von den Beamten ein detailliertes Verzeichnis der beschlagnahmten Unterlagen erstellen. Abstrakte Bezeichnungen, wie „Paket mit Ordnern“, reichen nicht aus. Vermerken Sie das Ende der Durchsuchung auf dem dafür vorgesehenen Zettel.

13. Denken Sie abschließend immer daran:

GEBEN SIE KEINE UNTERLAGEN FREIWILLIG HERAUS!

WERDEN UNTERLAGEN BESCHLAGNAHMT, WIDERSPRECHEN SIE DER BESCHLAGNAHME AUSDRÜCKLICH!

ACHTEN SIE DARAUF, DASS IHR WIDERSPRUCH IM DURCHSUCHUNGSPROTOKOLL VERMERKT IST!

5 Notizzettel zur Durchsuchung

1. Durchsuchung vom:

2. Beginn der Durchsuchung:

3. Ende der Durchsuchung:

4. Durchsuchungszweck (wie mündlich bezeichnet):

Diskrepanz zum Durchsuchungsbeschluss: ☐ ja ☐ nein

5. An der Durchsuchung teilnehmende Beamte (Name, Dienstgrad, -stelle, -nummer):

a.

b.

6. Durchsuchung nach: ☐ § 102 StPO ☐ § 103 StPO

Richterlicher Durchsuchungsbeschluss vom:

____

Aushändigung des Durchsuchungsbeschlusses vor Beginn der Maßname?

☐ ja ☐ nein

7. Wenn nein, gibt es Zeugen für die Weigerung? ☐ ja ☐ nein

Welche Zeugen sind dies:

____

____

____

8. Ist gezielt nach „Zufallsfunden“ gesucht worden? ☐ ja ☐ nein

Wenn ja, wonach wurde gesucht?

____

____

____

9. Wenn Durchsuchung nach § 102 StPO, wurde über Aussageverweigerungsrecht belehrt? ☐ ja ☐ nein

10. Wenn es zur Durchsuchung ohne Beschluss gekommen ist, ist konkret dargelegt worden, warum es an einem solchen Beschluss mangelt? ☐ ja ☐ nein

Ort, den ...

Unterschriften:

Glossar

Nora Thies

A

Abschreibung
Betriebswirtschaftliches und steuerrechtliches Verfahren zur Erfassung der Wertminderungen von Vermögensgegenständen.

Ad-hoc-Meldung
Börsennotierte Unternehmen sind zur Veröffentlichung kursrelevanter Tatsachen verpflichtet. Sie müssen Neuigkeiten unverzüglich veröffentlichen, wenn diese geeignet sind, die Börsenpreise der Wertpapiere erheblich zu beeinflussen. Für den Inhalt der Meldungen ist das Unternehmen verantwortlich. Welche Meldungen Kurse beeinflussen, legt §15 des Wertpapierhandelsgesetzes (WpHG) fest.

AfA
Absetzung für Abnutzung, steuerrechtlicher Begriff für →Abschreibung

Allgemeines Persönlichkeitsrecht
Das Allgemeine Persönlichkeitsrecht ist ein ungeschriebenes Grundrecht, welches die Integrität der menschlichen Person in geistig-seelischer Beziehung schützt. Es wurde von Bundesgerichtshof und Bundesverfassungsgericht entwickelt und wird aus Art. 2 Abs. 1 in Verbindung mit Art. 1 Abs. 1 Grundgesetz (GG) hergeleitet.

Arrestanordnung →Dinglicher Arrest

Arrestanspruch →Dinglicher Arrest

Arrestgrund →Dinglicher Arrest

Arrestvollstreckung →Dinglicher Arrest

Auskunftsklausel
Bestimmung in einem Doppelbesteuerungsabkommen, in dem der Umfang des zwischenstaatlichen Auskunftsverkehrs in Steuerangelegenheiten festgelegt wird.

Beherrschungsvertrag
Ein Beherrschungsvertrag ist ein Unternehmensvertrag, durch den eine oder mehrere Gesellschaften, z. B. verschiedene GmbHs und Aktiengesellschaften (AGs), die Leitung ihrer Gesellschaft einem anderen Unternehmen unterstellen (vgl. § 291 Abs. 1 Satz 1, 1. Fall des Aktiengesetzes – AktG).

Beschlagnahme
Beschlagnahme ist die Sicherstellung eines Gegenstandes, der als Beweismittel in Betracht kommt, gegen den Willen des Gewahrsamsinhabers (vgl. § 94 der Strafprozessordnung – StPO). Die Beschlagnahme wird in der Regel gleichzeitig mit dem Durchsuchungsbeschluss in einem kombinierten Durchsuchungs- und Beschlagnahmebeschluss angeordnet.

Beschlagnahmebeschluss →Beschlagnahme

Beschuldigter
Als Beschuldigten bezeichnet man eine Person, die im Verdacht steht, eine Straftat begangen zu haben. Der Beschuldigte heißt Angeschuldigter, wenn die Staatsanwaltschaft Anklage gegen ihn erhebt. Lässt das Gericht die Anklage zur öffentlichen Hauptverhandlung zu, wird aus dem Angeschuldigten ein Angeklagter.

Besteuerungszeitraum
Zeitraum – in der Regel das Kalenderjahr –, in dem eine Steuer anfällt bzw. für den eine Steuer festgesetzt wird. Auch als Veranlagungszeitraum bezeichnet.

Besteuerungsverfahren
Im Rahmen des Besteuerungsverfahrens prüft die Finanzbehörde den Steuerfall und klärt die Frage, welche Steueransprüche verwirklicht worden sind (§§ 155 bis 192 der Abgabenordnung – AO). Der Steuerpflichtige ist dabei zur Mitwirkung verpflichtet (§§ 134 bis 154 AO). Die Steuer wird sodann durch Steuerbescheid festgesetzt (§ 155 AO). Dem Besteuerungsverfahren kann ein Feststellungsverfahren vorgeschaltet sein, welches der Feststellung von Besteuerungsgrundlagen dient (§ 179 AO). Besteuerungs- und Feststellungsverfahren werden neben einem eventuellen (strafrechtlichen) Ermittlungsverfahren geführt.

Beweisantrag
Formaler, bis in die strafrechtliche Hauptverhandlung hinein möglicher Antrag an die das Verfahren führende Stelle – Staatsanwaltschaft oder Gericht –, hinsichtlich einer bestimmten Tatsache bestimmte Beweise zu erheben. Ist der Antrag nicht ausreichend bestimmt gestellt, wird also z. B. das Beweismittel nicht hinreichend konkret bezeichnet, handelt es sich nur um eine Beweisanregung oder einen Beweisermittlungsantrag.

Briefkastenfirma
Unter einer Briefkastenfirma versteht man eine Gesellschaft, die keine unternehmerische Tätigkeit entfaltet, sondern nur der Steuervorteile wegen in einem Niedrigsteuerland errichtet wird. Da in einem solchen Fall kein wirtschaftlich vernünftiger Zweck verfolgt wird, werden Briefkastenfirmen grundsätzlich von den Finanzbehörden steuerlich nicht anerkannt (vgl. § 42 der Abgabenordnung – AO). Die erzielten Einkünfte werden dann nicht der ausländischen Gesellschaft, sondern ihren inländischen Gesellschaftern zugerechnet. Indizien für eine Briefkastenfirma bilden die Domizilierung unter einschlägigen Adressen, die Bestellung eines Repräsentanten mit Postvollmacht, das Fehlen eigener Telekommunikationsanschlüsse und ein fehlendes Auftreten am Markt.

Bundeszentralamt für Steuern
Das Bundeszentralamt für Steuern (BZSt) – vormals Bundesamt für Finanzen (BfF) – ist eine von vier Bundesoberbehörden im Geschäftsbereich des Bundesministeriums der Finanzen mit Hauptdienstsitz in Bonn-Beuel und drei weiterer Standorte in Berlin, Schwedt und Saarlouis. Das Bundeszentralamt für Steuern ist unterteilt in verschiedene Geschäftsbereiche.

Diese sind:

- Abteilung Steuern I (internationaler Bereich)
- Abteilung Steuern II (nationaler Bereich)
- Abteilung Bundesbetriebsprüfung I (Produktionsbranchen)
- Abteilung Bundesbetriebsprüfung II (Dienstleistungsbranchen)

Die Abteilungen nehmen Aufgaben nach dem Finanzverwaltungsgesetz (FVG) und auf Weisung des Bundesministeriums der Finanzen (BMF) wahr.

C

Cash-Pool →Cash-Pool-System

Cash-Pool-System
Ein Cash-Pool-System ist ein konzerninterner Liquiditätsausgleich auf Grund eines zentralen Finanzmanagements, welches den verschiedenen Unternehmen des Konzerns Zugang zu Darlehen zur Überbrückung von Liquiditätsengpässen verschafft. Der Cash-Pool wird mit Liquiditätsüberschüssen aller zum Konzern gehörenden Unternehmen finanziert.

Compliance-Abteilung →Compliance-System

Compliance-System
Ein Compliance-System ist die Summe der Maßnahmen, mit denen ein Unternehmen sicherzustellen versucht, dass seine Mitarbeiter sich gesetzeskonform und den unternehmensinternen Regeln entsprechend verhalten. Institutionalisierung und Kontrolle eines Compliance-Systems können einer speziellen Compliance-Abteilung übertragen sein.

Criminal legal due diligence →Due diligence

D

Dinglicher Arrest
Die Anordnung des dinglichen Arrests (vgl. §§ 916 ff. der Zivilprozessordnung – ZPO) dient der Sicherung der Zwangsvollstreckung eines Gläubigers, der noch keinen vollstreckbaren Titel hat, in das bewegliche oder unbewegliche Vermögen seines Schuldners. Für die Arrestanordnung bedarf es der Glaubhaftmachung durch den Gläubiger, dass er einen Arrestanspruch, also z. B. eine Geldforderung gegen den Schuldner, hat. Zudem muss ein Arrestgrund gegeben sein, d. h. ein Grund, wonach zu befürchten ist, dass die Zwangsvollstreckung ohne die Anordnung verhindert oder wesentlich erschwert würde. Der dingliche Arrest wird auch im Strafrecht grundsätzlich nach den Vorschriften über die Zwangsvollstreckung vollzogen.

Drittschuldner
Bei Pfändungen von Forderungen des Schuldners ist Drittschuldner, gegen den sich Forderungen des Schuldners richten. Soll z. B. der Lohn eines Schuldners gepfändet werden, ist der Arbeitgeber der Drittschuldner, da der Schuldner einen Rechtsanspruch gegen den Arbeitgeber auf Auszahlung seines Arbeitslohns hat. Nach Zustellung des Pfändungsbeschlusses darf der Drittschuldner die gepfändete Forderung nicht mehr an den Schuldner auszahlen (vgl. § 829 der Zivilprozessordnung – ZPO). Der Drittschuldner ist auch verpflichtet, eine →Drittschuldnererklärung abzugeben.

Drittschuldnererklärung
Bei Pfändungen von Forderungen des Schuldners ist der →Drittschuldner verpflichtet, dem Gläubiger gegenüber eine Drittschuldnererklärung abzugeben. Er erklärt, dass die gepfändete Forderung (auf Auszahlung des Lohns bzw. Gehalts, also nicht die Forderung des pfändenden Gläubigers) tatsächlich besteht und ob bereits andere Pfändungen bzw. Abtretungen vorliegen, die vorrangig bedient werden müssen.

Drittverfall →Verfall

Drittwiderspruchsklage
Mit einer Drittwiderspruchsklage gemäß § 771 der Zivilprozessordnung (ZPO) kann sich ein Dritter gegen die Vollstreckung in sein Vermögen wehren. Eine solche Klagemöglichkeit muss dem Dritten deshalb eingeräumt werden, weil durch das Vollstreckungsorgan regelmäßig nicht geprüft wird, ob das Vollstreckungsobjekt zum Vermögen des Schuldners gehört.

Due diligence
Eine Due diligence ist eine dem Kauf von Unternehmensbeteiligungen vorgeschaltete Prüfung, die dem Käufer eine realistische Bewertung des Akquisitionsgegenstands und eine Analyse der mit dem Kauf verbundenen Chancen und Risiken erlauben soll. Eine Criminal legal due diligence ist der Teil einer solchen Prüfung, der den geplanten Unternehmenskauf auf seine strafrechtlichen Risiken hin beleuchtet.

Durchsuchungsbefehl →Durchsuchungsbeschluss

Durchsuchungsbeschluss
Ein Durchsuchungsbeschluss ist die Anordnung einer Durchsuchung durch den Richter. Bei Gefahr im Verzug kann eine Durchsuchung auch ohne richterlichen Durchsuchungsbeschluss allein auf Anordnung der Staatsanwaltschaft oder der →Straf- und Bußgeldstelle vorgenommen werden.

E

Einstweilige Anordnung →Einstweilige Verfügung

Einstweiliger Rechtsschutz
Nach den §§ 935 und 940 der Zivilprozessordnung (ZPO) kann jeder Anspruchsberechtigte eine →einstweilige Verfügung beantragen, wenn hinsichtlich der Durchsetzung seines Anspruches besondere Eile besteht. Das Gericht entscheidet dann auf einen entsprechenden Antrag des Anspruchsberechtigten im Eilverfahren. Die darin gefällte Entscheidung ist allerdings zunächst nur vorläufig und wird als einstweilige Verfügung bezeichnet. Die Verfügung setzt einen materiellen Anspruch (Sicherungs- bzw. Verfügungsanspruch) und besondere Dringlichkeit (Sicherungs- oder Verfügungsgrund) voraus.

Einstweilige Verfügung
Eine einstweilige Verfügung ist eine vorläufige Entscheidung des Gerichts im zivilprozessualen Eilverfahren, die einen nicht auf Geld gerichteten Anspruch bis zur Entscheidung in der Hauptsache sichern soll (vgl. §§ 935 ff. der Zivilprozessordnung – ZPO).

Einziehung →Verfall

Erbschein
Der Erbschein ist ein Zeugnis des Nachlassgerichts über das Erbrecht des Erben. Der Erbschein wird nur auf Antrag erteilt. Er ist mit einer Richtigkeitsvermutung und öffentlichem Glauben ausgestattet (vgl. §§ 2353 ff. des Bürgerlichen Gesetzbuches – BGB).

Ermittlungspersonen der Staatsanwaltschaft
Ermittlungspersonen der Staatsanwaltschaft sind bestimmte Beamte oder andere Personen im öffentlichen Dienst mit speziellen strafverfahrensrechtlichen Kompetenzen, welche die Staatsanwaltschaft bei der Erfüllung ihrer Aufgaben unterstützen. Auch Steuerfahndungsbeamte sind Ermittlungspersonen der Staatsanwaltschaft.

Ermittlungsverfahren
Das Ermittlungsverfahren wird von der Staatsanwaltschaft oder – bei rein steuerstrafrechtlichem Vorwurf – von der →Straf- und Bußgeldstelle beim zuständigen Finanzamt zur Erforschung eines möglicherweise strafrechtlich relevanten Lebenssachverhalts geführt. Dabei sind die Strafverfolgungsorgane nach dem Ermittlungsgrundsatz verpflichtet, die Tatsachen von sich aus zu erforschen, in das Verfahren einzubringen und die Wahrheit festzustellen.

Exkulpation
Exkulpation ist die Widerlegung einer gesetzlichen Vermutung, dass eine Person einen Schaden zu vertreten hat.

F

Fahrlässigkeit
Fahrlässig handelt, wer die im Verkehr erforderliche Sorgfalt außer Acht lässt. Grob fahrlässig handelt, wer die verkehrsübliche Sorgfalt in besonders grobem Maße verletzt.

FATF
Die FATF (Financial Action Task Force on Money Laundering) ist ein internationales Gremium zur Bekämpfung der Geldwäsche und der Terrorismusfinanzierung. Sie setzt Standards zur Bekämpfung der Geldwäsche, fördert die weltweite Verbreitung der Standards und überwacht die Umsetzung in den Mitgliedstaaten. Das 33 Mitglieder umfassende Gremium ist der OECD in Paris angegliedert. Der deutschen Delegation der FATF gehören regelmäßig Vertreter der Bundesanstalt für Finanzdienstleistungsaufsicht (BaFin) an. Die FATF verabschiedete im Jahre 1990 40 Empfehlungen zur Geldwäschebekämpfung. Im Jahr 1996 wurden diese wichtigsten internationalen Standards zum ersten Mal aktualisiert und 2003 zum zweiten Mal grundlegend überarbeitet. Obwohl die Standards nicht unmittelbar

bindendes Recht darstellen, erkennen sie bislang mehr als 130 Länder als verbindlich an. Die 40 Empfehlungen setzen erstmalig einheitliche Verhaltensregeln und Maßstäbe für den gesamten Finanzsektor und für alle beteiligten Personen und Berufsgruppen fest. Bei Überarbeitung der Standards sind die neuesten Erkenntnisse und Entwicklungen auf dem Gebiet der Geldwäschebekämpfung mit eingeflossen. Als Reaktion auf die Ereignisse des 11. Septembers 2001 wurde im Oktober 2001 das Mandat der FATF auf die Bekämpfung der Terrorismusfinanzierung ausgeweitet. Die FATF veröffentlichte in diesem Zusammenhang acht „spezielle Empfehlungen" zur Bekämpfung von Terrorismusfinanzierung.

G

Gesamtrechtsnachfolge
Im Wege der Gesamtrechtsnachfolge geht das Vermögen einer natürlichen oder juristischen Person als Ganzes, also mit allen Aktiva und allen Passiva, auf eine andere natürliche oder juristische Person über.

Grobe Fahrlässigkeit →Fahrlässigkeit

Grundsatz der Verhältnismäßigkeit →Verhältnismäßigkeitsgrundsatz

I

Insolvenz
Insolvenz ist die Zahlungsunfähigkeit einer natürlichen oder juristischen Person, also deren Unvermögen, ihre fälligen Geldforderungen zu erfüllen. Von der Insolvenz einer Person ist grundsätzlich auszugehen, wenn sie ihre Zahlungen eingestellt hat.

Insolvenzverwalter
Person, die das Insolvenzverfahren leitet. Zum Insolvenzverwalter ist eine für den jeweiligen Einzelfall geeignete, geschäftskundige und von den Gläubigern und dem Schuldner unabhängige natürliche Person zu bestellen. Der Insolvenzverwalter steht unter der Aufsicht des Insolvenzgerichts. Erlässt das Insolvenzgericht ein allgemeines Verfügungsverbot – dann spricht man vom Insolvenzverwalter als starken Verwalter –, besteht für den vorläufigen Insolvenzverwalter eine umfassende Ermächtigung, für den Schuldner zu handeln (§ 22 Abs. 1 der Insolvenzordnung – InsO) Das Insolvenzgericht hat aber auch die Möglichkeit, einen Zustimmungsverwalter nur zur Begründung ganz bestimmter, im Einzelnen festgelegter Masseverbindlichkeiten zu ermächtigen (§ 22 Abs. 2 InsO).

J

Juristische Person
Eine juristische Person ist eine rechtsfähige Organisation, die wie eine natürliche Person Rechte und Pflichten haben kann. Sie ist ein Rechtssubjekt, das durch eigene Organe vertreten wird. Juristische Personen kann es immer nur in den vom Gesetz vorgesehenen Organisationsformen geben.

K

Konzern
Ein Konzern ist ein Zusammenschluss verschiedener Unternehmen zum Zwecke der Erreichung eines gemeinsamen wirtschaftlichen Ziels. Das Resultat eines solchen Zusammenschlusses kann entweder ein Unternehmensverbund oder ein Unternehmenszusammenschluss mit einer zentralen Konzernleitung – in der Form eines Unter- oder eines Gleichordnungskonzerns – sein.

Korruptionsprävention
Paket von Maßnahmen, welches dazu dient, die Risiken, die durch Korruption im öffentlichen Dienst oder in der Wirtschaft entstehen, einzudämmen. Dazu gehören →Whistleblower- und Ombudsmann-Systeme.

L

Leibrente
Die Leibrente ist eine regelmäßig wiederkehrende und gleichmäßige Leistung von Geld oder – ausnahmsweise – anderen vertretbaren Sachen, die auf der Grundlage eines Vertrags auf Lebenszeit an den Berechtigten oder eine andere Person zu leisten ist (vgl. §§ 759 ff. des Bürgerlichen Gesetzbuches – BGB).

Leitender Angestellter
Ein leitender Angestellter ist ein Arbeitnehmer mit arbeitgebertypischen Kompetenzen. So ist ein leitender Angestellter etwa zur Einstellung und Entlassung ihm unterstellter Arbeitnehmer berechtigt. Des Weiteren hat er Generalvollmacht oder Prokura und nimmt in der Regel sonstige Aufgaben wahr, die wichtig für die Erhaltung und Entwicklung des Unternehmens sind.

Liquidation
Unter Liquidation versteht man die Auflösung einer Gesellschaft zum Zwecke der Befriedigung der Gläubiger und der Verteilung des Überschusses.

M

Materiell-rechtlich
Materiell-rechtlicher Natur sind solche Gesetze, welche die Entstehung, Veränderung oder den Untergang von Rechten regeln. Dagegen regelt das formelle Recht das Verfahren zur Durchsetzung des materiellen Rechts.

Monitoring
Unter Monitoring versteht man die Maßnahmen eines Unternehmens im Zusammenhang mit seinem →Risk-Management oder dem →Compliance-System, die auf Früherkennung potenzieller Risiken abzielen.

N

Nachzahlungszinsen →Steuernachzahlung

Nemo-tenetur-Grundsatz
Der Nemo-tenetur-Grundsatz beruht auf dem lateinischen Satz „nemo tenetur se ipsum accusare" und postuliert das Recht des →Beschuldigten, sich in einem gegen ihn gerichteten Strafverfahren nicht selbst belasten zu müssen. Aus diesem Grunde darf ein →Beschuldigter bei seiner Vernehmung schweigen und sogar lügen.

O

Ombudsmann-System
Bei einem Ombudsmann-System beauftragt ein Unternehmen anstelle oder neben einem eigenen Korruptionsbeauftragten eine außerhalb des Unternehmens wirkende, neutrale Person, die gesetzlich zur Verschwiegenheit verpflichtet ist. In der Regel ist dies ein Rechtsanwalt. Der Ombudsmann ist Anlaufstelle für Mitarbeiter, die unter dem Schutz der Verschwiegenheitsverpflichtung Korruptionsfälle im Unternehmen melden möchten.

Omissio libera in causa
In den Fällen der omissio libera in causa vereitelt der Täter bewusst seine Eingriffsmöglichkeit, bevor er an sich zum Eingreifen verpflichtet ist.

Ordnungswidrigkeit
Eine Ordnungswidrigkeit ist eine rechtswidrige und vorwerfbare Handlung, die den Tatbestand eines Gesetzes verwirklicht, das die Ahndung mit einer Geldbuße zulässt (§ 1 Abs. 1 des Gesetzes über Ordnungswidrigkeiten – OWiG).

P

Pfändungsgrenzen
Die §§ 850 ff. der Zivilprozessordnung (ZPO) regeln Pfändungsgrenzen hinsichtlich des Arbeitseinkommens. Dabei handelt es sich um die Beträge des Einkommens, die nicht gepfändet werden dürfen.

Progressionsvorbehalt
Lohnersatzleistungen sowie ausländische Einkünfte, die von der inländischen Besteuerung aufgrund eines Doppelbesteuerungsabkommens freigestellt sind, unterliegen dem Progressionsvorbehalt. Kommt der Progressionsvorbehalt zur Anwendung, erhöht sich der Einkommensteuersatz, da bei der Berechnung des anzuwendenden Steuersatzes auch die steuerfreien Lohnersatzleistungen und die im Inland steuerfreien ausländischen Einkünfte mit einbezogen werden.

R

Recht auf informationelle Selbstbestimmung
Recht des Einzelnen, selbst über die Preisgabe und Verwendung seiner personenbezogenen Daten zu bestimmen. Das Recht auf informationelle Selbstbestimmung ist eine Ausprägung des allgemeinen Persönlichkeitsrechts und wurde vom Bundesverfassungsgericht erstmals im Volkszählungsurteil aus dem Jahre 1983 als Grundrecht anerkannt.

Risikovorsorgesystem →Compliance-System

Risk-Management-System
Ein Risk-Management-System ist die Summe der Maßnahmen, mit denen ein Unternehmen versucht, potenzielle Risiken für die wirtschaftliche Situation des Unternehmens zu identifizieren und zu analysieren. Risk-Management-Systeme sollen das Unternehmen erhalten und entwickeln und insbesondere die Unternehmensziele gegen Störfaktoren sichern.

Rückgewinnhilfe
Sind dem Täter oder dem Dritten aus einer Straftat unredlich Vermögenswerte erwachsen, kommt die Anordnung des →Verfalls zu Gunsten des Staates nicht in Betracht, wenn Ersatzansprüche von Verletzten existieren (§ 73 Abs. 1 Satz 2 des Strafgesetzbuches – StGB). In diesen Fällen können die Vermögenswerte aber dennoch durch die Strafverfolgungsbehörden beschlagnahmt oder dinglich arretiert werden, um dem Verletzten bei der Durchsetzung seiner Ersatzansprüche zu helfen (vgl. § 111 b Abs. 5 der Strafprozessordnung – StPO).

S

Scheingesellschaft →Briefkastenfirma

Selbstanzeige
Nach § 371 der Abgabenordnung (AO) kann der Täter einer Steuerhinterziehung im Wege einer Selbstanzeige straffrei werden. Dazu muss er unrichtige oder unvollständige Angaben bei der Finanzbehörde berichtigen oder ergänzen oder unterlassene Angaben nachholen. Außerdem darf keiner der Umstände gegeben sein, unter denen § 371 AO dem Täter die Straffreiheit trotz Selbstanzeige verweigert.

Starker Verwalter →Insolvenzverwalter

Steuernachzahlung
Kommt es – außerhalb eines Steuerstrafverfahrens – zu Steuernachforderungen, ist die nachzuzahlende Steuer mit sechs Prozent pro Jahr zu verzinsen (vgl. §§ 233a und 238 der Abgabenordnung – AO).

Stiftung
→Juristische Person, in der ein bestimmtes Vermögen rechtlich verselbständigt wird, um für eine gewisse Dauer einen bestimmten Zweck nach dem Willen des Stifters zu erfüllen.

Straf- und Bußgeldsachenstelle
Die Straf- und Bußgeldsachenstelle (StraBu) ist die „Staatsanwaltschaft des Finanzamts". Sie leitet die Ermittlungen in rein steuerlichen Strafverfahren und kann Strafbefehle oder Bußgeldbescheide erlassen.

T

Testamentsvollstreckungszeugnis
Der Erblasser kann durch letztwillige Verfügung gegenüber dem Erben einen oder mehrere Testamentsvollstrecker bestimmen. Diese haben die letztwillige Verfügung des Erblassers zur Ausführung zu bringen und den Nachlass im Sinne des Erblassers zu verwalten (vgl. §§ 2197 ff. des Bürgerlichen Gesetzbuches – BGB). Sie weisen sich mit einem Testamentsvollstreckungszeugnis aus.

Trust
In einigen ausländischen Rechtsordnungen vorgesehenes Rechtsgebilde, welches insbesondere im angloamerikanischen Rechtskreis – auch bei der Nachfolgeplanung – eingesetzt wird. Der Trust hat keine eigene Rechtspersönlichkeit. Er beinhaltet nach deutschem Rechtsverständnis Elemente des Treuhandverhältnisses und der →Stiftung.

Verbandsbuße
Geldbuße gegen Unternehmen (daher auch oft als Unternehmensbuße bezeichnet), wenn deren Organe oder leitende Mitarbeiter Straftaten oder Ordnungswidrigkeiten begehen, durch die betriebsbezogene Pflichten verletzt werden oder das Unternehmen bereichert wird oder werden soll.

Verbotene Vernehmungsmethoden →Verwertungsverbot

Verfall
Der Verfall, der im Strafrecht vom Gericht zwingend anzuordnen ist, wenn seine Voraussetzungen gegeben sind, dient der Abschöpfung des aus einer Tat erlangten illegitimen Vermögenszuwachses. Seine Anordnung kann sich gegen die an einer Straftat Beteiligten, aber auch gegen Dritte richten – dann spricht man vom Drittverfall. Er ist im Falle des Vorliegens von Ersatzansprüchen Dritter gegen den Täter (→Rückgewinnhilfe) ausgeschlossen. Ist die Anordnung des Verfalls rechtskräftig, gehen das Eigentum an den Sachen oder die Rechte, hinsichtlich derer der Verfall angeordnet wurde, auf den Staat über (vgl. §§ 73–73 e, 76 f. des Strafgesetzbuchs – StGB). Das Ordnungswidrigkeitenrecht regelt den Verfall anders als das Strafrecht. Hier hat das Gericht hinsichtlich seiner Anordnung Ermessensspielraum. Auch kann er nur in Bezug auf einen Geldbetrag, der dem aus der Ordnungswidrigkeit Erlangten entspricht, angeordnet werden (vgl. § 29 a des Gesetzes über Ordnungswidrigkeiten – OWiG). Vom Verfall zu unterscheiden ist die Einziehung, über die als Rechtsfolge einer Straftat (vgl. §§ 74–76 a StGB) oder einer Ordnungswidrigkeit (vgl. §§ 22–29 OWiG) das Gericht nach Ermessen entscheidet. Mit Rechtskraft der Entscheidung gehen, wie beim Verfall, das Eigentum an den Sachen oder die Rechte, die eingezogen wurden, auf den Staat über.

Verhältnismäßigkeitsgrundsatz
Der Verhältnismäßigkeitsgrundsatz leitet sich aus dem Rechtsstaatsprinzip her, welches im Grundgesetz verankert ist. Er ist ein leitender Grundsatz für das Handeln der öffentlichen Verwaltung. Nach dem Verhältnismäßigkeitsgrundsatz muss das eingesetzte Mittel, z. B. eine Durchsuchung, zur Zweckerreichung geeignet und erforderlich ist. Zudem müssen Mittel und Zweck in einem angemessenen Verhältnis zueinander stehen.

Vermögensabschöpfung →Verfall

Vertragsverletzungsverfahren
Nach dem Vertrag über die Europäische Gemeinschaft hat die Europäische Kommission über die korrekte Anwendung des Gemeinschaftsrechts zu wachen. Als Hüterin des EG-Vertrags kann sie Vertragsverletzungsverfahren nach Artikel 226 des EG-Vertrags (EGV) gegen einen Mitgliedstaat einleiten, der ihrer Ansicht nach gegen Gemeinschaftsrecht verstößt. Die Kommission kann versuchen, die

Vertragsverletzung zu beseitigen. Falls nötig, kann sie den Gerichtshof der Europäischen Gemeinschaften anrufen.

Verwertungsverbot
Auch im Strafverfahren darf die Freiheit der Willensentschließung und Willensbetätigung nicht beeinträchtigt werden. Daher sind verbotene Vernehmungsmethoden (Misshandlungen, herbeigeführte Ermüdung, körperliche Eingriffe, Verabreichung von Mitteln, Quälerei, Täuschung, Hypnose) nicht gestattet. Zwang darf nur angewendet werden, soweit das Strafverfahrensrecht dies ausdrücklich zulässt. Aussagen, die unter Verletzung dieses Verbots zustande gekommen sind, dürfen auch dann nicht verwertet werden, wenn der Beschuldigte der Verwertung zustimmt (vgl. § 136 a der Strafprozessordnung – StPO) Darüber hinaus kann bei willkürlichem Handeln der Strafverfolgungsorgane im Rahmen von Ermittlungseingriffen (z. B. Durchsuchungen) ein Verwertungsverbot der dort beschlagnahmten Gegenstände und der daraus resultierenden Information in Betracht kommen. Das Bestehen und die Reichweite dieser nicht ausdrücklich normierten Verwertungsverbote sind jedoch umstritten.

W

Whistleblower-System
Teil eines Korruptionspräventions-Systems. Das Whistleblower-System ermöglicht es Hinweisgebern, im Interesse des Unternehmens auf Missstände, z. B. Korruption, hinzuweisen. Oft wird das Whistleblower-System mit dem Ombudsmann-System kombiniert, um den Hinweisgebern Anonymität garantieren zu können.

Z

Zeugnisverweigerungsrecht
Das Zeugnisverweigerungsrecht beinhaltet das Recht eines zu einem Rechtsstreit geladenen Zeugen, sich der Aussage zu entziehen. Im Strafprozess umschreiben die §§ 53 ff. der Strafprozessordnung (StPO) abschließend die zur Zeugnisverweigerung befugten Personen.

Zustimmungsverwalter →Insolvenzverwalter

Danksagung

Die Verfasser danken Frau Nora Thies für die Erstellung des Glossars und die tatkräftige Unterstützung bei der Durchsicht des Manuskripts.

Die Autoren

Marco Geuenich, Dr., ist Diplom-Finanzwirt, Rechtsanwalt und Steuerberater. Er ist im Berliner Büro von FLICK GOCKE SCHAUMBURG tätig und berät Unternehmen und Privatpersonen auf sämtlichen Gebieten des Steuer- und Gesellschaftsrechts. Ein besonderer Schwerpunkt seiner Tätigkeit liegt im Steuerstrafrecht.

Lars Kutzner, Dr., ist Rechtsanwalt bei FLICK GOCKE SCHAUMBURG am Standort Berlin. Seine Tätigkeitsschwerpunkte sind das Wirtschafts-, Steuer- und Kapitalmarktstrafrecht. In diesen berät er sowohl Unternehmer als auch Unternehmen. Ein weiterer Schwerpunkt seiner Arbeit liegt im Bereich der Forensic Services (Korruptionsprävention, Rückgewinnhilfe und unternehmensinterne Ermittlungen).